말의 힘

말의 힘

이규호 저

좋은날

개정판에 부치는 말

『말의 힘』이 처음 출판된 지 올해로 꼭 30년이 되었다. 그동안 변화된 철학적 언어들을 현실적으로 맞게 고치고 판형도 바꾸어 내게 되었다.

책이란 한번 나오면 짧은 시간 안에 사장되기 쉬운데 30년동 안 『말의 힘』이 67쇄를 기록할 정도로 스테디 셀러가 된 것은 이 책이 가진 성과와 의미가 그 어떤 책보다도 깊기 때문이리 라. 두번째 증보판에서 제18장 「담론과 이야기」를 보태었던 것 은 그동안 기호학이 언어에 대한 이론들의 전면에 나와서 지배 적인 연구 조류가 되었을 뿐만 아니라 후기 구조주의 철학자들 이 기호학과 손잡고 언어철학을 크게 발전시켰기 때문이다. 그리고 말의 힘의 놀라움은 더 두드러지게 드러나게 되었다. 30년 전 내가 이 책을 썼을 때의 기본적인 입장은 그대로 변함이 없다. 다만 더 자라날 필요가 있다고 믿어졌기 때문에 한 장을 더 써서 증보판을 내었던 것이다.

최근의 철학적 연구의 동향 뿐만 아니라 인문과학과 사회과학의 새로운 연구로 이른바 언어학적 전환에 기초를 두고 있다는 것은 알려진 사실이다. 이에 대한 인식이 이 적은 보충을 불가피하게 만들었으며 언어들도 현실에 맞게 고치게 되었던 것이다. 그러나 이 보충이 충분하지 못하다는 것을 알면서도 붓을 놓지 않을 수가 없었다.

1998년 10월 31일

이 규 호

글을 시작하며

오늘날 철학에 있어서뿐만 아니라 거의 모든 인문, 사회과학 그리고 자연과학에 있어서도 언어에 대한 관심이 높아졌다. 그래서 현대 철학은 언어 문제를 가장 중요한 기본 문제로서 다루고 있다. 그러나 언어에 대한 이러한 관심은 여러 방향에서 제기되었기 때문에 그 관심의 성격과 연구의 방법은 여러 가지로 다르다. 그러므로 나는 우선 여기에서 언어에 대한 관심과 그것을 다루는 방법의 네 가지 발전 단계를 구별함으로써 내가 이 책에서 언어를 다루는 태도를 미리 밝혀 둘 필요를 느낀다.

첫째 단계는 비엔나 학파의 논리 실증주의에서 시작된 논리적인 언어 분석이고, 둘째 단계는 비트겐슈타인(Wittgenstein)이 대표하는 철학적인 언어 분석이고, 셋째 단계는 과학적인 언어학과 구조주의의 단계이고, 넷째 단계가 훔볼트(Humboldt)의 사상에 기초한 해석학적인 언어철학이다. 물론 이러한 네 가지 단계들이 일직선적인 흐름처럼 진보해 왔다는 것은 아니고 오히려 이들은 서로 영향을 주고 의존하는 교차 관계를 갖고 있다. 그러나 그들의 차이점과 특징들은 분명하다.

논리 실증주의에 의하면 철학은 종래 그가 다루었던 구체적인 영역들을 모두 특수 과학들에 나누어 주어 버렸기 때문에 이제는 과학의 기초 작업을 하는 일을 할 수 밖에 없다. 따라서 여기서는 철학은 곧 과학기초론이며 그 이외의 아무것도 아니다. 그런데 이러한 과학기초론은 과학적인 언어를 획득하기 위한 언어 분석을 가장 중요한 과제로 한다. 왜냐하면 적어도 초기 실증주의에 있어서는 과학은 정확하고 엄밀한 언어를 사용해야 과학이 된다는 이념이 지배적이었기 때문이다. 그리고 이러한 과학적인 언어는 논리적으로 확실한 기반위에 구축되어야 한다. 그래서 보기를 들면 '논리적 구문론'은 과학적인 서술들의 순수한 관련 형식들과 그들의 계열 질서의 구조를 분석했다. 여기서는 언어가 하나의 순수한 기계적인 체계의 구조로서 관찰된다.

논리적 실증주의에서 둘째 단계인 철학적 언어 분석에로의 전환을 이룩한 것은 비트겐슈타인이다. 그는 언어 구조의 형식들을 인간의 일상적인 삶의 형식들로써 관찰한다. 여기에서 그의 이른바 '말놀이(language game)'의 이념이 나타난다. 언어의

'놀이'는 삶의 '놀이'의 표현인데, 여러 가지 놀이들은 각각 서로 다른 성격과 규칙을 갖고 있어서 하나의 보편적인 규칙에 의해서 다루어질 수도 없고 보편적인 논리에 의해서 연역될 수도 없다. 언어의 놀이를 이해하려면 그 놀이와 함께 참여하는 길밖에 없다. 그래서 여기서는 모든 언어 형식들을 하나의 과학적인 언어로 환원시키려는 시도는 무모하고 불가능한 일이라고 생각된다. 그러므로 철학적 언어 분석에서는 과학적인 보편언어(universal language)의 이념은 사라지고 여러 가지 이질적인 일상 언어 영역들의 분석이 중요한 과제가 된다. 살아 있는 언어에 있어서 말의 의미는 미리 그리고 일의적으로 고정시킬 수 없기 때문에 순수한 선험적인 '의미'라는 것은 없고, 다만 말의 의미는 그 말을 인간이 어떻게 사용하느냐에 달려있다. 그러므로 철학적 언어 분석은 순수한 형식의 구문론(Syntax)이나 의미론(Semantik)보다도 화용론(Pragmatik)을 더 중요하게 생각한다. 여기서는 어디까지나 일상 언어가 근원적이고 본래적인 언어이다. 따라서 일상 언어를 초월한 추상적인 언어 이론이 어떤 의의를 가지는가 하는 의문이 제기된다.

다음 단계로서 오늘날의 과학적인 언어학의 이론은 실증주의의 논리적 언어 분석과 철학적인 일상 언어 분석의 영향을 함께 받고 있다. 먼저 언어학은 논리적 실증주의에서 발전된 순수 형식의 이론들뿐만 아니라 수학적 논리학과 관계된 문제들을 받아들였다. 그리고 논리적 언어 분석과 과학적 언어학은 공통적으로 언어를 객관적이고 체계적인 구조로서 그것을 사용하는 인간의 주체성에 의존함이 없이 분석하고 설명할 수 있다는 태도를 취하고 있다. 그리고 또한 현대 언어학은 철학적 언어 분석처럼 경험적이고 개성적인 언어 현상에 관심을 갖는다. 그래서 현대 언어학은 그의 과학적인 연구 방법에 있어서 '순수'와 '경험', 그리고 '보편'과 '특수'를 특이하게 종합한다. 그러므로 언어학은 특수한 경험적인 언어, 곧 일상 언어를 대상으로 분석하지만 또한 철학적 언어 분석처럼 거기에 머물러 있지 아니하고 그 특수한 언어들을 넘어서 모든 언어들의 보편적인 구조 체계를 찾아내어 보편적 문법(Universal Grammatik)을 연구한다. 이렇게 해서 한 언어에서 다른 언어로의 번역을 위해서 다시 수학적 논리학과도 손잡고 컴퓨터를 이용하기도 한다. 그러면서도 언어학은 그 이론을 늘 경험적인 일상 언어와의 관련 아래 발전시킨다. 언어학자 캇츠(Katz)는 논리적 언어 분석과 철학적 언어 분석을 모두 반대하면서 그의 제3의 단계를 뚜렷하게 주장하고 있다. 캇츠뿐만 아니라 최근 하나의 유행처럼 되어 있는 구조주의를 내세우는 레비 스트로스(Levi-Strauss)도 보편적인 언어 체계의 법칙을 찾기 위해서 의식적인 언어 현상의 표면 현상에서 그의 무의식적인 심층 구조에로 연역해 들어가려고 하고 있다. 그리고 레비 스트로스는 언어 형식이 곧 인간의 삶의 형식이라는 철학적 언어 분석의 원리를 다시 되살려서 언어학에 의해서 발견된 보편적 구조를 통해서 인간의 본질을 파악하려고 한다. 여기에서 언어학과 인간학이 연결된다.

위에서 말한 세 가지 단계들, 곧 논리적 언어 분석과 철학적 언어 분석과 과학적 언어학은 모두 공통적으로 언어를 하나의 객관적인 구조 체계로서 관찰한다. 논리적 실증주의는 적어도 그 초기에는 이 체계를 순수한 논리적인 문장 구조로서 이해했고, 비트겐슈타인과 그의 철학적 언어 분석은 이 체계를 일상적인 삶의 형식들로서 묘사하려고 했으며, 과학적 언어학은 이 체계를 순수한 논리나 경험적인 일상성에만 의존하지 않고 이 두 가지 입장을 특이하게 종합해서 밝히려고 했다. 그러나 이 세 가지 단계들에 있어서는 공통적으로 언어 현상에서 나타나는 창조적인 인간의 주체성이 관찰의 대상에서 배제되어 있다. 화용론에서 인간의 언어 행동이 문제된다고 해도 그것은 기계적인 반응 행동으로서만 이해되었고 주체적인 인간 존재 자체가 문제되지는 않았다. 그러므로 해석학적인 언어철학은 언어의 본질을 주체적인 인간과의 관계 속에서 이해하고 일상적인 언어 현상을 삶의 현상의 핵심으로서 관찰하고 철학적으로 해석하려는 것이다. 여기에서 언어철학은 인간 존재와 그의 삶의 뜻을 밝히려는 철학의 전통을 계승한다. 따라서 여기서는 언어를 객관적이고 고정적인 체계로서 관찰하기보다는 주체적이고 생동적인 힘으로 관찰한다.

이런 방향으로 이 책에 펼쳐질 연구는 전개된다. 이 책에 대해서 논쟁적인 의도를 품을 사람들을 위해서 미리 말해 두어야 할 것은, 과학적인 언어학과 구조주의도 앞으로 그의 학문적인 장래를 갖고 있다는 것이며, 또한 훔볼트의 언어관에 근거하고 철학의 전통을 이어받는 해석학적 언어철학과 상호 의존하면서 서로 영향을 미칠 것이 틀림없다는 것이다. 이미 과학적인 언어학도 훔볼트의 영향을 크게 받고 있다.

1968년 9월 연희동에서

이 규 호

■ 차 례

1. 문제의 성격

　지금 철학의 관심은 언어 문제에 집중되어 있다. 물론 철학자마다 그 관심의 정도가 다르고 문제를 다루는 방향도 다르지만, 이제 언어철학의 문제가 철학의 여러문제들 중의 하나의 문제라기보다는 현대 철학의 중심문제가 되었다는 것을 부인할 수 없다. 이것은 크게 주목할 만한 일이다. 왜냐하면 철학은 지금까지 언어문제에 대해서 무관심했을 뿐만 아니라 언어에 구애됨이 없이 보편적인 사유(思惟)를 하는 것을 이상으로 삼았으므로, 사실은 언어에 대해서 적대적인 태도를 취해왔기 때문이다. 볼노오(Bollnow)는 이것을 전통적인 철학의 언어적대관계(Sprachfeindschaft)라고 표현했다.[1]

철학의 이와 같은 언어적대관계의 대표적인 예는 베이컨 (Bacon)의 '우상들(idols)'에 관한 이야기이다. 베이컨은 이 비유에서 사람을 거짓에 말려 들게 하는 몇 가지 우상들을 말하면서 언어의 우상을 논한다. 그는 이것을 사람들이 흔히 이야기를 주고받는 시장에 비유해서 '시장의 우상(the idol of the market)'이라고 했다. 이는 모든 언어와 일치하는 실재가 존재한다고 믿거나 쓸데없는 공론을 일삼는 것을 경계하기 위한 것이었다.

동양 철학에서도 언어적대관계의 경향을 찾아볼 수 있다. 불교 사상에서는 도리(道理)니 실상(實相)이니 하는 것은 이언(離言)이라고 한다. 곧 근본적인 진리나 본체는 언어에 의해서 파악되거나 표현되는 것이 아니라는 뜻이다. 노자(老子)는 언어에 대한 상당히 깊은 이해를 가진 것 같으면서도 역시 언어적대관계의 경향은 뚜렷하다. 그는 "유명이 만물의 어머니(有名萬物之母)"라고 하면서도 "무명이 하늘의 으뜸(無名天之始)"이라고 한다. 그리고 그는 '도(道)'를 "무명의 소박(無名之朴)"이라고도 했다. 이러한 주장들은 본원적인 진리는 언어적인 표현 이전의 것이라는 뜻으로 해석된다. 『중용(中庸)』에는 "하늘 위에 있는 일은 소리도 없고 냄새도 없다(上天之載 無聲無臭)"라고 해서, 형이상학적인 사실이 언어적인 표현뿐만 아니라 감성적인

---

1) O. F. Bollnow, *Sprache und Erziehung*, Stuttgart, 1966. S. 11.

파악을 초월한다는 것을 주장한다. 원효(元曉)의 말에도 "마음의 본체는 명상(名相)을 초월한다"는 것이 있다. 인간 존재의 본체는 말이나 모양에 담겨있지 않다는 뜻이다.

이러한 전통적인 철학이 말하는 '언어의 우상'이니, 이언(離言)이니, 무명(無名)이니, 초명상(超名相)이니 하는 것은 한마디로 말해서 지금까지 철학의 언어적대관계를 말하는 것이다. 그런데 우리가 주목할 만한 사실은 철학뿐만 아니라 엄밀한 과학들과 교육학 등도 그와 같은 언어적대관계의 경향을 가지고 있다는 것이다. 그래서 엄밀한 논리는 언어를 통하는 것보다 기호(記號)를 통해서 전개되어야 한다고 믿게 된다. 직관에 의한 실물 교육을 주장하는 교육학자들이 "빈말보다는 실물을 가르쳐 주라"고 언어보다 실물을 앞세우는 것도 언어적대관계의 하나의 본보기가 된다.

전통적인 철학과 과학과 교육학의 이러한 언어적대관계는 다음과 같은 몇 가지 이유에 근거한다. 첫째로, 언어의 의미가 늘 불확정적이며 또한 분명하지 못하다는 것이다. 언어는 엄밀한 사유의 전개를 표현하기에는 너무나 불완전한 도구라는 것이다. 동일한 언어가 때로는 여러 가지 의미들을 갖는가 하면, 또 때로는 동일한 개념을 위해서 여러 가지의 언어적인 표현들이 가능하다.

이러한 문제는 일정한 정의(定義)와 정확한 구분을 통해서 혼돈을 극복할 수 있다고 하더라도, 더 곤란한 것은 많은 중요한 낱말들이 명확하게 정의될 수 없는 성질을 가졌다는 사실이다. 우리가 일상 생활에서 사용하는 '섰다', '간다'와 같은 단순한 낱말도 엄밀하게 따지면 정의될 수 없다. 그리고 거의 모든 낱말들은 언제나 특수한 '어감(語感)'과 의미 관련을 갖고 있다. 더욱이 우리의 낱말들을 일의적(一義的)으로 정의하기 어렵게 만드는 것은 언어에 있어서의 은유(metapher) 현상이다. '집'이니 '다리'니 '길'이니 하는 쉬운 일상어도 수없이 많은 전용된 의미들을 갖고 있다.

둘째로는, 인간의 사유가 언어에 의해 잘못 지배된다는 것이다. 우리의 언어가 지칭하는 그 모든 것은 실재한다고 믿는 언신(言信) 사상이나, 인간의 언어는 마술적인 능력을 가지고 있다는 언령(言靈) 사상에 대해서 특히 철학과 과학은 늘 반대했던 것이다. 서양 철학이 전통적으로 모든 현상들 배후에 그 현상들의 고정적인 주체로서의 실체를 늘 생각한 것은 인도 유럽말의 문장의 기본 구조가 주어와 이 주어의 현상을 표현하는 술어로 되어 있기 때문이라고 한 워프(Whorf)의 이론은 주목할 만하다. 지금까지 철학자들 중에는 보편적인 개념들의 실존성을 논증하는 데 있어서 우리가 위에서 말한 언신 사상에 의존한 일이 있었다는 것, 그리고 여러 가지 원시 종교나 민속 종교들이 상당히 뿌리깊은 언령 사상을 갖고 있었다는 것은 언어가 인간의 사유를 크게 지배했다는 좋은 증거가 된다. 철학과 과학의 언어적 대관계는 사유에 대한 이러한 언어의 영향을 반대하는 것이다.

셋째로는, 주로 형이상학에서 찾아볼 수 있는 언어적대관계가 있다. 인류의 언어는 대체로 인간이 볼 수 있는 세계의 사물들과의 대비를 통해서 발전해 왔기 때문에, 보이지 아니하는 사실들이라 할지라도 그러한 볼 수 있는 세계의 사물들로부터의 유추에 의해서 표현하는 성격을 가졌다. 그리고 또한 추상적인 생각을 표현하는 낱말들도 그것들이 언어로서 일반화되면 주체적인 깊이를 잃어버리는 경향이 있다. 그러므로 형이상학적인 체험이나 깊은 주체적인 생각을 표현하기에는 언어가 적합하지 못하다는 것이다. 이언절려(離言絶慮)한 체험과 무명(無名), 무성(無聲), 그리고 초명상(超名相)의 사상은 자연히 언어적대관계를 가져온다는 것을 우리는 이해할 수 있다. 그리고 유동적이고 생명적인 사실이라 할지라도 언어는 그것을 표현함에 있어서 늘 일정한 틀에 사로잡아 고정화하는 경향을 가졌다. 형이상학에 있어서의 언어적대관계는 여기에도 그 원인이 있다.

마우트너(Mauthner)의 언어 비판은 위에서 말한 언어적대관계를 극단의 형식으로 표현하는 것이다. 그는 "언어는 인식을 위한 적합한 도구가 아니다"[2]라고 주장했다.

"태초에 언어가 있었다. 언어와 더불어 인간은 세계를 인식하기 시작한다. 그러나 인간이 언어에 사로잡혀 있는 동안 그는

---

2) F. Mauthner, *Beiträge zu einer Kritik der Sprache*, Stuttgart und Berlin, 1906. 1 Bd. S. 11.

인식의 첫걸음에 그대로 머물러 있게 된다. 그러므로 누구든지 거기에서 한걸음 더 앞으로 나아가려고 하는 사람은 언어에서 해방되어야 하며, 그의 세계를 언어라는 폭군으로부터 자유롭게 해야 한다." 이것은 전통적인 철학의 언어적대관계를 극단으로 표현한 것이다. 그런데 여기에서 간단하게 언급하고 넘어가야 할 것은, 우리가 오늘날 언어철학이라고 부르는 철학운동 중에는 위에서 말한 언어적대관계의 정신에 입각한 언어비판운동을 뜻하는 흐름도 있다는 것이다.

그러나 내가 이 책에서 말하는 언어철학은 언어에 대해서 적극적이고 긍정적인 관심을 갖는 새로운 하나의 철학 운동으로서, 지금까지의 언어적대관계의 정신에 입각한 언어 비판 운동과는 어떤 의미에선 반대되는 것이다. 인간의 사유와 사상과 전체적인 삶에 있어서의 언어의 창조적인 기능을 발견하고 그 철학적인 의미를 살리려는 것이다. 언어에 대한 이와 같은 적극적인 관심은 이미 헤르더(Herder)와 훔볼트(Humboldt)에게서 시작된다. 그러나 그들의 언어에 대한 관심과 사상은 그 당시의 철학의 주류에는 아무런 영향도 줄 수 없었다. 19세기 초에 언어학자들 중에 언어학의 학문적인 기초를 닦으면서 언어의 문제를 철학적인 깊이에까지 추구한 사람들이 있었으나, 그들도 그 당시의 철학과는 아무런 관계를 갖고 있지 않았으며 철학자들 편에서도 그들에게 아무런 도움을 주지 못했다.

그러나 지나간 몇 십년 동안에 사정은 아주 달라졌다. 이제 언어의 문제는 철학의 가장 기초적인 중심 문제가 되어 버렸다. 아리스토텔레스 이후 줄곧 철학에 있어서 논리학이 차지하고 있었던 위치, 그리고 근세에 들어오면서 논리학을 대신해서 인식론이 차지하고 있었던 그 위치를 이제는 언어철학이 차지하게 되었다. 과거의 철학자들은 바르고 정확하게 사유하는 방법을 가르치는 것이 논리학이라고 생각하였기 때문에 논리학을 철학의 기초 과목이라고 하였는데, 근세에 들어오면서부터는 논리학으로는 부족하고 인간 인식의 원리와 한계를 밝히는 인식론을 철학의 기초 과목이라고 생각하게 되었다. 그러나 이제는 언어가 인간의 사유와 인식에 대해서 갖는 구성적인 기능을 지극히 중대시하기 때문에 언어의 본질과 언어적인 표현의 의미를 다루는 것이 철학의 기본적인 관심을 끌게 되었다.

전통적인 철학의 언어적대관계에서 현대 철학의 이와 같은 언어에 대한 적극적인 관심에로의 큰 전환을 이룩하는 데 이바지한 몇 사람의 철학자들의 이름을 여기에 들어 보기로 하자. 첫째로, 카시러(Cassirer)는 그의 『상징적인 형식들의 철학』에서 제1권을 언어 문제를 다루는데 바쳤다.[3]

칸트(Kant)에 의하면 인간의 인식은 단순히 수동적으로 외부적인 사물을 묘사하는 것이 아니고 인간의 하나의 창조적인 기

---

3) E. Cassirer, *Philosophie der symbolischen Formen*, I. Teil : Die Sprache, Berlin, 1923.

능이다. 칸트는 그의 『순수이성비판(kritik der reinen Vernunft)』에서, 창조적인 기능으로서의 인식을 가능하게 하는 것은 인간의 인식 기능이 갖고 있는 선험적인 감성의 형식들과 오성의 형식들이라고 했다. 카시러는 이러한 칸트의 사상을 이 어받아서 감성과 오성의 형식들뿐만 아니라 그가 말하는 '상징 적 형식들(symbolische Formen)'이 인식에 있어서의 창조적 인 역할을 담당한다고 했다. 인간은 그 상징적 형식들에 의해서 그의 세계관을 창조한다는 것이다. 그런데 그 상징적 형식들 중 에 언어가 가장 기본적인 것이다. 카시러에 의하면 언어는 객관 적인 현실을 묘사하는 것이 아니고 현실을 형성하는 것이며, 인 간은 언어가 형성해 주는 현실만을 알고 있다.

다음으로는 제2차 세계대전 중에 불행히도 실종된 한스 립스 (Hans Lipps)를 잊을 수 없다. 립스는 전통적인 '형식 논리학' 에 대해서 '해석학적 논리학'을 말하려고 했다.[4]

그의 해석학적 논리학은 인간 사유의 논리적 구조를 형식 논 리학처럼 고정적으로 삶의 구체적인 상황에서 분리시키지 않고 삶의 상황과의 관련 아래서 해석하고자 한다. 이를 통해서 그는 인간 사유의 논리적 구조와 그것이 거기에서 나타난 삶의 상황 의 관련을 연구하면서, 언어의 창조적인 기능, 곧 일정한 상황

---

4) H. Lipps, *Untersuchung zu einer hermeneutischen Logik*, Frankfurt a. M. 1938.

속에서 구체적으로 표현된 말이 삶을 창조하는 힘을 가졌다는 사실을 깨닫게 되었다. 이것을 립스는 현실을 형성하는 '말의 힘(Potenz des Wortes)'이라고 했다. 인간의 삶에 있어서의 언어의 이와 같은 창조적인 기능을 다른 측면에서 밝혀 낸 사람이 게엘렌(Gehlen)이다. 게엘렌은 쉘러(Scheler)와 윅스퀼(Uexküll), 그리고 플레스너(Plessner) 등이 제시한 문제를 이어받았다.

쉘러는 그의 철학적 인간학에서 동물과 인간을 구별해서 다음과 같이 주장했다. 동물은 그에게 특유한 폐쇄적인 '환경(Umwelt)' 속에서 살고 있는 데 비해서, 인간은 본능의 지배에서 벗어나고 사물의 객관성에 대해서 개방적인 존재로서 열린 '세계(Welt)'를 가졌다. 윅스퀼은 이 '환경' 개념을 그의 생물학적 관찰에서 다음과 같이 발전시켰다. 동물에게는 그의 감성 기관들과 본능들을 통해서 제한된 주위, 곧 동물의 본능적인 삶을 위해서 의미 있는 사물들로서만 이룩된 환경이 존재할 뿐이며, 동물의 감성 기관들과 그의 환경은 대응 관계를 갖고 있다는 것이다. 헤르더는 이미 이것을 알고 동물과 인간의 본질적인 차이를 다음과 같이 규정한다. 모든 동물은, 그가 나면서부터 거기에 속하고 있고 그 속에 사로잡혀 있는, 그리고 죽을 때까지 거기에 머물러 있는 그러한 자신의 둘레를 가지고 있다. 그러나 인간은 일정한 움직임만이 기대되는 그러한 결정적이고 고정적인 좁은 둘레를 갖고 있지는 않다. 그러므로 인간은 다른 동물들처럼 본능적인 삶을 위해서 중요한 외부적인 자극들만을 받아들이게끔 보호되어 있지 않다. 인간은 너무 많은 자극들에 내맡겨져 있다. 이것은 자연적으로 생명의 안전성의 약화를 의미한다. 따라서 만일 인간이 다른 방법으로 지나친 자극들로부터 보호되지 아니하면, 인간의 그러한 개방성은 하나의 위협이 된다. 다시 말하면, 인간은 그의 열린 세계를 다른 방법으로 그의 삶의 중심에서 집약된 환경으로 좁힌다는 것이다. 이것은 삶의 안정성을 위해서 필요하다. 플레스너는 인간이 그의 열린 세계를 무엇을 통해서 일종의 안전한 환경으로 좁히느냐는 문제를 처음으로 제시했다. 그리고 그는 이것이 넓은 뜻에서의 '골 (Institution)'을 통해서 이루어진다고 했다. 여기에서 플레스너가 '골'이라고 하는 것은 인간의 삶을 일정한 형식을 통해서 몰고 가는 제도와 법칙과 관습과 행동 규범들을 말한다. 그에 의하면 이 '골'들을 통해서 인간은 자극 과다에서 보호되고 이해된 세계로서의 안전한 환경을 이룩한다는 것이다. 게엘렌은 이러한 사상을 이어받아서 그 '골'들 중에 가장 중요한 위치에 있는 것이 언어라고 한다. 그래서 게엘렌은 언어의 '보호기능 (Entlastungsfunktion)'에 대해서 말한다. 이것은 인간이 언어를 통해서 파악하고 표현할 수 있는 외부적인 자극만을 받아들여서 생명을 위협하는 자극 과다에서 스스로를 보호한다는 것이다. 게엘렌의 이와 같은 언어의 보호기능설은 곧 인간이 언어를 통해서 그의 삶의 세계를 형성한다는 명제를 다른 측면에서

뒷받침하는 것이다. 우리는 여기에서 철학적 인간학과 언어철학의 연결점을 찾아볼 수 있다.[5]

마지막으로, 철학의 관심을 언어 문제에 집중시킨 주역들 중에 가장 중요한 사람은 역시 하이데거(Heidegger)이다. 하이데거는 특히 그의 후기 철학에서 언어 문제에 대한 관심을 더 높여 갔다. 하이데거에 의하면 언어의 본질에 대한 철학적 반성은 다른 여러 가지 문제들과는 완전히 다른 위치를 갖지 않으면 안 되며, 그것은 단순히 하나의 특수 분과로서의 언어철학에 그쳐서는 안 된다. 하이데거는 언어와 이른바 그가 말하는 '존재 (Sein)', 그리고 인간과의 밀접한 관련성을, 다음과 같이 널리 알려진 그러나 신비스럽게 표현된 귀절로써 나타낸다. "언어는 존재의 집이다. 언어의 주택 속에 인간은 산다."[6] 언어를 인간이 그 속에 사는 집에 비유한 것이 얼마나 정당하며 또한 어떤 의미를 가졌는가 하는 문제는 뒤에 다시 생각해 보기로 하자.

그밖에도 가다머(Gadamer)는 근년에 나타난 그의 대작『진리와 방법(Wahrheit und Methode)』의 제3장과 마지막 장에서 언어 문제를 다루었으며, 볼노오는 그의 『언어와 교육 (Sprache und Erziehung)』에서 새로운 언어철학의 교육학적

---

5) 이규호,「사람됨의 뜻」, 서울, 제일출판사, 1967.

6) M. Heidegger, *Platons Lehre von der Wahrheit, mit einem Brief über den "Humanismus"*, Bern, 1949, S. 53.

인 의미를 살펴보고 있다. 영미 철학에서도 우리는 비슷한 경향을 찾아볼 수 있다. 처음에는 언어 비판의 정신에 근거한 논리학에서 출발한 철학자들이 이제는 일상 언어에 대한 관심을 통해서 위에서 말한 경향으로 접근해 오고 있다는 것은 주목할 만하다. 비트겐슈타인(Wittgenstein) 후기에 이루어진 전환은 좋은 본보기가 된다. 그가 처음에 가졌던 언어 비판적인 사상에 비하면 그의 다음과 같은 주장은 큰 전환을 뜻한다. 그는 철학의 문제들은 언어의 기능에 대한 통찰을 통해서 풀릴 수 있다고 하면서 일상 언어의 자연스러운 기반으로 돌아갈 것을 요구하고 있다. 인간의 사유와 사상과 삶에 있어서 언어의 창조적인 기능, 곧 생각과 삶과 사람됨에 있어서의 말의 힘에 대한 이와 같은 철학의 새로운 관심은 이제 어떤 특수한 철학자들의 일방적인 주장이 아니고, 오늘날에 와서는 철학 그 자체의 기본적인 문제이며, 또한 언어적인 표현을 떠날 수 없는 모든 학문들의 기본 문제이며, 더 나아가서는 언어 기능을 그의 본질로 하는 인간의 삶의 문제이기도 하다.

2. 다루는 방법

　학문적인 연구 대상으로서의 언어를 다루는 방법에는 여러 가지가 있다. 첫째로는 물론 언어학이 있다. 언어학은 언어의 객관적인 구조와 어휘 등을 다루면서 거기에서 법칙과 체계를 찾아내려고 한다. 그런데 최근 언어학도 언어 철학의 새로운 경향과의 관련 아래 언어의 객관적인 구조를 기계적으로 관찰하는 방법을 지양하고 생동적으로 언어를 다루려는 경향을 갖는다. 바이스게르버(Weisgerber)는 이런 뜻에서 문법학과 언어학을 구별한다. 그는 훔볼트(Humboldt)의 "언어는 에르곤(Ergon)이 아니고 에네르기아(Energia)이다"라는 말을 인용하면서, 문법학은 언어를 객관적인 작품으로서 기계적으로 다루지만 언어학은 언어를 창조적인 힘으로서 다루어야 한다고 주장한다. 물론 여기에서 바이스게르버는 문법을 소홀히 하거나 그 의미를 낮게 평가할 생각을 갖지 않았다. '언어'라는 것의 현실적인 존재 방식이 생동적인 현상이며 인간의 삶에 있어서의 창조적인 힘이지만, 우리가 이것을 학문적으로 다루려면 먼저 이것을 일단 고정화시켜 놓고 그 구조를 살피지 않을 수 없다. 여기에 필연적으로 '에르곤'으로서의 언어의 단면(斷面)이 드러난다. 이 '에르곤'으로서의 단면은 역시 그의 움직임의 전체적인 관련 구조에서는 분리된 것이다. 이것을 바이스게르버는 '문법적인 관찰 방법(Die grammatischen Betrachtungsweise)'이라고 한다.[1] 이러한 관찰 방법에 의해서 얻어지는 것은 언어의 문법적인 구조와 그 법칙, 그리고 어휘들을 모은 사전이다. 그런데 바이스게르버에 의하면 언어학적인 연구는 문법적인 지식을 받아들이고 이것을 평가 판단해야 하지만, 더 나아가서 언어의 본질에 충실해야 한다. 언어는 본질적으로 에네르기아이기 때문에 그것은 그의 움직임의 전체 관련 속에서만 바르게 이해될 수 있다. 그러므로 언어학적인 연구는 언어를 살아 움직이고 창조적으로 작용하는 힘으로서 관찰하고 그 작용의 근거와 형식과 영역을 밝히는 것이다. 그리고 바이스게르버는 언어를 연구하는 가장 중요한 목표는 언어의 창조적인

---

1) J. L. Weisgerber, *Das Gesetz der Sprache*, Heidelberg, 1951. S. 60.

능력, 곧 인간의 사상과 인간이 이해하는 삶의 세계와 정신적인 세계를 형성하는 능력을 인식하는 것이라고 말한다. 영미 언어학계도 언어의 형식적인 구조에 대한 기계적인 관찰을 지양하고 훔볼트의 언어관을 토대로 한 새로운 경향을 나타냄으로써 언어철학에 접근하고 있다.

　둘째로 언어를 연구 대상으로 하는 학문은 언어심리학이다. 언어학이 이미 말한 바와 같이 언어 구조를 다루는 것이라면 언어심리학은 '언어 표현의 과정(Sprachvorgänge)'를 다룬 것이다. 언어학의 대상을 영어로 language라고 하고, 독일말로 die Sprache라고 한다면, 언어심리학의 대상은 speech이며 또한 die Rede라고도 할 수 있다. 언어학의 '언어'는 사회적인 객관 구조이며, 일정한 종류의 기호 조직이며, 질서 잡힌 음운 기호의 체계이며, 일정한 인간 사회 안에서 생각과 느낌을 서로 전달하는 수단이다. 이런 의미에서의 언어는 인간의 심리적인 작용에 의존하지 않는 객관적 존재이다. 그러나 언어심리학이 다루는 '말'은 이렇게 객관적으로 주어져 있는 음운 기호의 체계나 그 관계 구조의 조직을 특수한 상황 아래서 구체적으로 이용하는 것을 뜻한다. 다시 말하면 언어심리학의 연구 대상으로서의 '말'은 의식적인 행위인데, 이 행위를 근거로 해서 언어 표현과 이해가 이루어진다. 그러므로 카인츠(Kainz)가 말하는 바와 같이, 언어학은 언어의 객관적인 '구조상(Gebildeaspekt)'에 관심을 갖게 되고 언어심리학은 말의 주관적인 '기능상(Funktionsaspekt)'에 관심을 갖게 된다. 카인츠는 이제 다시 훔볼트의 명제를 인용하면서, 언어학은 협약적이고 또한 역사적으로 형성된 기호와 문법적인 규칙의 체계, 곧 '에르곤'을 대상으로 하는 것이지만, 언어심리학은 하나의 작용하는 힘, 하나의 행위, 곧 '에네르기아'를 대상으로 한다고 말한다.[2] 이것은 언어심리학도 역시 언어철학의 새로운 경향을 함께 뒷받침한다는 것을 의미한다.

언어심리학이 다루려는 언어 표현의 과정을 자세히 살펴보면 아주 복잡한 성격을 가지고 있다. '말'을 한다는 것은 먼저 일정한 정신적인 정리 기능과 일정한 사회적이고 객관적인 언어 구조를 특수한 목적을 위해서 이용하는 의지적인 행위를 전제로 한다. 그리고 언어의 기호 체계와 관계 구조가 언어적인 표현을 위해서 실제로 이용되는 데 있어서도, 그 체계와 구조의 지극히 제한된 일부분만이 잠재적인 상태에서 드러나서 구체적으로 작용하게 된다. 그러므로 이러한 언어 표현의 행위는 아주 복잡한 성격의 것이기 때문에 언어심리학이 자세히 다루어야 할 여러 가지 문제들이 여기에서 나타난다. 사회적이고 객관적인 '언어자체'가 실제로 작용하는 '나의 말'로서 나타나는데, 이것도 언어심리학의 연구에서 중요한 문제가 된다. 두 사람이 완전히 동일하게 말할 수는 없다. 언어적인 표현의 차이는 결국 인격의

---

2) F. Kainz, *Einführung in die Sprachpsychologie*, Wien, 1946. S. 10.

차이에 근거한다. 언어는 하나의 광장이며 지평이다. 그 속에서 '무엇을', '어떻게' 선택하느냐에 따라서 말하는 사람의 인격이 드러난다. 이러한 문제들의 연구에 있어서 언어심리학은 언어철학과 밀접히 그리고 유실하게 연결된다.

셋째로 언어를 대상으로 하는 학문에는 언어사회학이 있다. 언어사회학은 먼저 인류의 여러 가지 사회 공동체들 중에 언어 공동체가 가장 든든한 공동체라는 데 주목한다. 인종적인 혈통을 중심으로 한 공동체는 씨족 사회에서 그 원시적인 존재 형식을 찾아볼 수 있다. 그러나 단일 민족으로 이룩된 국가사회에 있어서의 그 이른바 단일 민족이라는 것을 참으로 순수한 혈통 중심의 공동체라고 단순하게 주장하는 것은 인류학적이고 역사적인 비판에 견디지 못할 것이다. 다음으로 생활의 연관 관계에 의한 지역사회나 정치 질서를 위한 국가 사회는, 외부적인 관찰에 의하면 견고한 공동체인 것 같지만 사실은 그렇게 본질적이고 항구적인 것이 아니다. 다음으로 종교적인 신앙을 중심으로 묶여 있는 종교 공동체가 있다. 종교 공동체는 다른 공동체와는 차원이 다른 특수한 성격을 가지고 있다. 그런데 이러한 여러 가지 공동체들에 비해서 하나의 언어를 중심으로 한 언어 공동체는 인간의 삶과 그 문화적인 전통을 위해서 가장 견고하고 의미 있는 공동체라는 것이다.

그리고 또한 언어사회학은 모든 인간이 남김없이 하나의 언어 공동체에 반드시 속하고 있다는 사실에 주목한다. 모든 인간이 반드시 순수한 혈통을 중심으로 한 민족 공동체에 속한다고 할 수는 없다. 오늘날과 같이 삶의 교류와 교통이 발전한 시대에 있어서는 더구나 말할 것도 없다. 모든 인간이 반드시 하나의 정치 질서에 의해서 연결된 국가 공동체에 속한다고 할 수는 없다. 좋은 의미에서 국가를 초월한, 그리고 슬픈 의미에서 조국을 잃어버린 세계 시민이 얼마든지 있다. 정치적인 능력 부족으로 국가 공동체를 이룩하지 못한 인간들도 많다. 모든 인간이 반드시 종교적인 신앙으로 말미암아 결합된 종교 공동체에 속한다고 할 수도 없다. 실제로 종교적인 지각 없이 생활해 온 사람들이 과거에도 많았고 지금도 많다. 그러나 어떠한 사람도 하나의 언어 공동체에 속하지 아니하고 이 세상에서 생활해 갈 수는 없다. 사람은 누구나 남김없이 하나의 언어 공동체에 반드시 속하고 있다. 물론 하나의 언어 공동체에서 다른 언어 공동체로 넘어갈 수도 있고, 오늘날에는 한 사람이 여러 언어 공동체들에 동시에 관련될 수도 있다. 그러나 언어 공동체에 속하지 않을 수는 없다. 언어 공동체를 상실한 언어를 우리는 '죽은 언어'라고 한다. 언어 공동체는 언어를 통해서 창조된 문화에 의해서 결합된 것이다. 인간의 사상과 삶은 언어에 의해서 마련된 초개인적인 지평 안에서의 움직임이다. 이런 의미에서 언어사회학과 언어철학은 또한 연결된다. 훔볼트는 언어와 민족과 문화와의 깊은 관계를 밝히는 것이 언어 연구의 마지막 열매라고 했다.

　다음으로 언어를 다루는 학문으로서 기호론(Semiotik)이라고 불리우는 언어분석학이 있다. 아리스토텔레스가 처음으로 언어 분석의 문제를 체계적으로 다루었으니, 언어분석학은 오랜 역사를 가진 셈이다. 그런데 이 언어 분석의 문제를 현대 철학의 하나의 중요한 과제로 드러낸 사람은 타르스키(A. Tarski)와 카르납(R. Carnap), 그리고 모리스(Ch. Morris) 등이다. 그리고 이 언어분석학은 현대 수학과 물리학 뿐만 아니라 철학에 있어서의 논리실증주의와 밀접하게 연결되면서 큰 발전을 이룩해 왔다. 언어 현상은 먼저 다음과 같은 세 가지 관계 구조로 분석된다. 첫째로 모든 낱말들은 하나의 언어에 속하는 것이기 때문에 그 언어의 다른 낱말들과 일정한 관계를 갖고 있다. 그 낱말과 낱말의 관계를 분석하는 것을 구문론(Syntax)이라고 한다. 둘째로는 모든 낱말들은 그 낱말들이 표현하는 사물들과 일정한 관계를 갖고 있다. 이 말과 사물의 관계, 곧 말의 의미를 분석하는 것을 의미론(Semantik)이라고 한다. 셋째로는 낱말들과 그것들을 사용하는 인간과의 관계가 있다. 이 관계를 다루는 것을 화용론(Pragmatik)이라고 한다. 이러한 세 가지 종류의 관계들, 곧 구문론적(syntaktisch) 관계와 의미론적(semantisch) 관계와 그리고 화용론적(pragmatisch) 관계는 함께 세 차원적인 입체 관계를 구성한다. 따라서 이 세 관계들은 서로 떼어놓을 수 없는 위치에 있다. 그런데 지금까지 언어분석학은 구문론과 의미론을 상당히 철저히 다루었으며 큰 업적을 남겼다고 할 수 있으나, 위에서 말한 화용론적 관계, 곧 말과 그 말을 사용하는 인간과의 관계는 그 모든 각도에서 철저히 살펴졌다고 할 수 없다. 구문론과 의미론의 연구에 의해서 이제는 많은 잘못된 문장들과 무의미한 말들을 피할 수 있게 되었다. 그리고 그것은 정확하고 엄밀한 논리를 추구하는 데 큰 도움이 된다.

그러나 나는 이러한 언어분석학이 사실은 이미 말한 바 있는 전통적인 철학의 언어적대관계의 현대적인 표현이라는 것을 지적하고자 한다. 왜냐하면 언어분석학은 처음부터 우리의 일상 언어가 애매하고 다의적(多義的)이고 따라서 불만족스럽다는 생각에서 출발한 것이기 때문이다. 우리의 일상 언어는 정확한 논리와 엄밀한 과학을 위한 도구로서는 불만스럽다는 것이다. 그래서 언어분석학은 문장들의 구조를 정확하게 분석하기 위해서 분리된 문장의 형식들을 인위적인 기호들을 통해서 조작한다. 이러한 조작(Operation)을 형식주의(Formalismus)라고 한다. 여기에서 형식주의라고 하는 것은 문장의 의미는 도외시하고 그 형식만을 다루는 방법론을 의미한다. 언어분석학의 이러한 형식주의는 현대 과학의 추상화와 연관성을 갖고 있다. 오늘날의 과학, 특히 물리학은 눈으로 볼 수 있는 혹은 마음에 그릴 수 있는 모델(Modell)이 없는 이론이다. 모델이 있는 과학의 이론으로부터 모델이 없는 이론에로의 전환은 그 방법에 있어서 형식주의의 더 넓은 적용을 뜻한다.

그리고 이러한 형식주의와 더불어 일상 언어를 대신하는 인위적인 '기호'가 나타나게 되었다. 화이트헤드(Whitehead)와 러

셀(Russell)은 논리학에 있어서 기호를 사용하는 것을 정당화하기 위해서 일상 언어의 부정확성과 다의성, 그리고 비엄밀성을 지적하고 있다.

그러나 나는 현대 언어분석학의 두드러진 업적에 감사하면서도, 다음과 같은 두 가지 이유 때문에 언어 현상을 철학적으로 관찰하는 데 있어서 언어분석학과는 전연 다른 두 가지 길을 택한다. 첫째로 형식주의적 조작이나 인위적인 기호의 사용은 먼저 일상 언어를 통해서 마련된 이해의 지평 위에서 가능한 것이며, 또한 인간이 그것을 마지막으로 뜻있게 '이해'할 수 있기 위해서는 결국 일상 언어로서 해석되어야 한다.[3] 둘째로 현대 언어분석학뿐만 아니라 전통적인 철학의 언어 비판이 늘 지적하는 일상 언어의 애매성과 다의성은 사실은 언어의 단점이라기보다는 언어의 창조적인 능력이 바로 거기에 있다는 점에서 장점이라고 할 수 있다. 이 점은 앞으로 자세히 논술할 것이다. 그러므로 현대 언어분석학을 흔히 '언어철학'이라고 말하는 것은 잘못이다. 그것은 오히려 '기호철학'이라고 할 수 있을 것이다. 캇츠(Katz)는 이른바 '논리적 경험주의(logical empiricism)'와 일상언어철학(ordinary language philosophy)을 구별했다.[4] 캇

---

3) Bochenski, *Die zeitgenössische Denkmethoden 2. Aufl*, München, 1959, S. 47.

4) J. Katz, *The Philosophy of Language*, New York and London, 1966, S. 68.

츠는 비트겐슈타인(Wittgenstein)의 일상 언어에로의 전환을 다음과 같이 말한다. 비트겐슈타인은, 그의 인위적인 기호의 시도가 실패한 것은 그것이 덜 과학적이었기 때문이 아니라 너무 지나치게 과학적이었기 때문이라고 생각했다.

위에서 말한 언어에 대한 모든 학문들은 언어철학과 밀접한 관계를 갖고 있다. 그 모든 학문들이 제공하는 지식들은 언어에 대한 철학적인 관찰을 밑받침하고 풍부하게 한다. 언어철학은 공중에 뜬 사변이 아니기 때문에 이 모든 지식들에 의존하지 않을 수 없다. 그뿐만 아니라 언어에 대한 현대의 여러 학문들은 거의 공통적으로 언어철학을 위해서 하나의 방향을 제시한다. 언어학의 새로운 동향과 언어심리학, 언어사회학, 그리고 언어분석학이 최근 부딪히는 마지막 한계, 이런 것들은 언어철학에게 일정한 방향을 제시한다. 그것은 곧 훔볼트가 이미 길을 열어 준 언어 관찰의 근본적인 태도를 말한다. 그것은 언어를 에르곤이 아니고 에네르기아로 관찰하는 태도다.

언어철학은 물론 언어의 문법적인 규칙을 다루는 문법학도 아니고, 언어의 객관적인 구조와 그 변형법을 다루는 언어학도 아니고, 인간의 언어 표현의 과정을 심리학적으로 연구하는 언어심리학도 아니고, 언어 공동체의 문제를 연구하는 언어사회학도 아니고, 언어비판의 정신에 입각한 언어분석학도 아니다. 이 모든 학문들에 의존하면서도 언어철학은 자신의 더 넓은 영역을 제공한다. 언어철학은, 첫째로 언어를 관찰하는 데 있어서 형식과 내용 곧 음운과 의미를 분리시키려고 하지 않는다. 언어의 본질은 표현 형식과 표현 내용을 불가분으로 결합시키는 상징적인 성격에 있다. 둘째로 언어철학은 언어를 고정적이고 기계적인 구조를 통해서 파악하려고 하지 아니하고, 역사적으로 사회적으로 살아서 움직이는 체계로서 이해한다. 셋째로 언어철학은 언어를 하나의 객관적인 대상, 곧 의사 전달의 도구, 혹은 현실의 거울로서뿐만 아니라 하나의 주체, 또는 역사적인 삶을 창조하는 힘으로 이해하려고 한다. 언어는 사람의 생각과 사상과 정신 생활을 함께 형성하고 이를 통해서 사회 현실과 역사 발전을 지배하는 에네르기아로서 존재한다.

그러므로 언어철학은 객관적인 구조로서의 '언어' 보다도 주체적인 힘으로서의 '말' 이 인간의 삶의 현장 속에서 갖는 역할을 밝히려는 것이다. 사람의 생각과 삶, 그리고 그의 외부적인 이해의 세계와 내부적인 자아의 세계에 있어서 말의 힘이 어떠한 것이며, 그것이 하나의 언어 공동체의 문화적 전통과 역사적인 발전에는 어떻게 작용하며, 따라서 그것의 철학적인 의미가 무엇인지를 알아보려는 것이 언어철학이다. 이러한 언어철학 앞에 지금까지 가리워져 있었던 넓은 미개척의 지평이 열린다.

3. 이야기의 현상

　우리는 언어의 형성 과정과 변화 과정을 역사적으로 살펴볼
수 있다. 그래서 우리는 특히 고도로 발달된 언어들의 발전 과
정들에 관한 과학적인 지식을 갖고 있다. 그러나 언어가 없는
인류의 생활을 과학적으로 살필 수는 없다. 사실 언어는 우리가
지금 밝힐 수 있는 인류 역사의 최초의 광명과 더불어 이미 어
떤 의미에서는 완전한 형식으로 존재하고 있었다. 그것은 역사
의 흐름과 더불어 어떤 의미에서는 풍부해지고 또 다른 의미에
서는 빈곤해지면서 발전해 왔다. 추상적이고 과학적인 의미의
말들은 풍부해졌을 것이고, 구체적이고 원초적인 의미의 말들은
빈곤해졌을 것이다. 그런데 어쨌든 언어는 시대들의 바뀜과 더

붙어 늘 편리하고 분명하게 다듬어졌다.

그러나 언어의 선사적(先史的)인 기원의 문제가 제시될 때, 이에 대한 답변은 우리들에게 이미 알려진 사실로부터의 추측이나 혹은 상상에 의존하는 수밖에 없었다. 사실 지나간 수백년 동안 언어의 기원에 관한 물음에 대해 답변한 여러 가지 이론들은 믿을 수가 없고 확실성이 없을 뿐만 아니라 공허한 것들이었다. 우리는 아직 이야기가 없었던 인류의 역사적인 시대에 관해서 지식을 얻을 수 없기 때문이다. 따라서 언어의 기원의 문제는 삶의 기원이나 혹은 인간 그 자체의 기원의 문제와 더불어 풀기 어려운 수수께끼이다.

우리는 이러한 문제들에 대해서 언제나 가능한 가설들을 제시할 수 있을 뿐이다. 그러나 그러한 가설들도 역시 전인간적(前人間的)인 상태와 인간적인 상태 사이에 있는 단절적인 비약을 밝힐 수는 없다. 언어의 기원도 그와 같은 하나의 비약이다. 따라서 그것은 우리가 지식으로 밝힐 수 있는 한계 밖에 있다. 우리가 밝힐 수 있는 한에 있어서 태초에 언어가 있었고 언어와 더불어 인류 역사의 광명이 우리 앞에 펼쳐진다.

언어의 발생학적인 기원은 이렇게 어둠 속에 잠겨있지만 언어의 원현상이 '이야기'라는 것은 확실하다. 언어 형성의 과정은 먼저 고정적이고 일의적인 낱말들이 생겨나서 그 낱말들이 일정한 법칙, 곧 문법에 따라서 문장이 형성되는 것과 같이 기계적으로 관찰될 수는 없다. 그와는 반대로 주고받는 이야기 속에서 낱말들이 이룩되고, 일정한 의미를 갖게 되고 그 낱말들이 연결되는 법칙들이 생겨난다. 다시 말하면 이야기는 '전체'이고 낱말들과 말의 구조들은 '부분'이다. 그런데 언어 현상에서도 역시 인간의 삶의 다른 모든 현상들에 있어서와 마찬가지로, 전체는 단순한 부분들의 집합이 아니고 오히려 전체가 앞서고 부분들은 그 전체 안에서의 위치에 따라서 의미가 결정된다. 그리고 이야기는 인간 삶의 중요한 조건이다. 주고받는 이야기 없이는 인간의 삶이 성립되지 않는다. 따라서 이야기는 삶이라고 하는 전체 관련의 기본 구조라고 할 수 있다. 그러므로 나는 이 언어 현상에 대한 철학적인 관찰을, 언어의 원현상이며 언어의 전체 현상이며 삶의 기본 구조로서의 '이야기'에 대한 관찰로부터 시작하려고 한다.

우리말로 '이야기'라는 것은 크게 구별해서 다음과 같은 세 가지 뜻을 가진다.

(1) 옛날 이야기를 들려 준다.
(2) 자세한 이야기를 해야 상대방이 이해할 수 있다.
(3) 그들은 열심히 서로 이야기하고 있다.

여기에서 (1)의 경우는 설화(說話)라는 말로서 결국 역사, 전설, 전기, 소설, 일화 등의 뜻을 가진다. (2)의 경우는 진술(陳述) 혹은 기술(記述)이라는 말로서 결국 독백, 연설, 강연, 설교, 보도 등의 뜻을 가진다. (3)의 경우는 대화(對話)라는 말로서 또한 협의, 협상, 토론 등의 뜻을 함께 가진다. 이렇게 모든 언어 현상이 '이야기'의 원현상 속에 포괄되어 있다. 그런데 (1)과 (2)의 경우는 '모놀로그(Monolog)'의 형식이고, (3)의 경우는 '디알로그(Dialog)'의 형식이다. 그러나 (1)과 (2)의 경우도 듣는 사람의 반응을 전제로 하고 있다. 모든 언어 현실에서 대응 관계는 기본적인 조건이다. 그렇지 않으면 말은 혼잣말의 중얼거림이나 헛소리로 사라진다. 그러므로 '이야기'의 원초적인 형식은 역시 말을 주고받는 대화일 것이다.

사람이 말을 주고받는 가장 단순한 형식을 살펴보자. 사람이 그의 일상 생활에서 주고받는 이야기는 대부분 문법적인 형식을 갖춘 완전한 문장이 아니다. 몇 마디 낱말들이나 문장의 단편들로써 사람들은 서로를 이해한다. 문법학자들은 이것을 설명하기를 일정한 상황 속에서 이미 명백한 것은 그것을 더 서술할 필요가 없다고 말한다. 보기를 들면 차표를 파는 창구에서 "부산 둘"이라고 말한다. 이것은 그 장소 그 상황에서는 부산행 차표를 두 장 달라는 의미가 된다. 그리고 "물"이라는 한 마디 말도 그 상황에 따라서는 여러 가지 의미를 갖는다. 그것은 밀려오는 홍수를 의미할 수도 있고, 목마른 사람이 바라는 한 잔의 물을 의미할 수도 있다. 예절(禮節)을 포함한 여러 가지 복잡한 상황이 이러한 단순한 말의 형식을 복잡한 형식으로 만든다. 말은 인간의 삶의 상황이 남겨 두는 구멍을 충실하게 메우면 그 사명을 다한다.

문법은 이러한 단순한 이야기의 형식을 의문, 명령, 그리고 서술의 세 가지 종류로 구별한다. 이 셋 중에 가장 뚜렷하게 구별되는 것이 의문인데 이것도 문법적으로 규정하기는 어렵다. 단순한 말의 억양뿐만 아니라 주저하는 태도 속에서 이미 의문은 느껴질 수 있다. 그리고 문법적으로는 의문의 형식이라도 사실에 있어서는 하나의 소원이나 부탁을 말하는 일도 있다. 그리고 명령도 또한 소원이나 부탁이나 혹은 간청과 구별하기 어렵다. 명령의 형식이면서 단순한 소원을 표현하는 경우도 있지만, 분명한 의문의 형식이 사실은 명령을 뜻할 때도 있다. 말을 주고받는 이야기 속에서 순수한 형식의 서술을 찾기도 어렵다. 대체적인 경우 순수한 형식의 서술이 단독으로 나타나지는 않는다. 그러므로 이야기의 여러가지 형식을 구별하기 위해서 형식적인 구조에서 출발하면 우리는 잘못을 범하게 된다. 그 이야기가 인간 삶의 전체 관련 속에서 성취하는 기능을 우리는 살펴보아야 한다.

이야기를 인간 삶의 전체 관련 속에서 관찰하면서 그 가장 뚜렷한 형식의 차이를 구별하면, 이미 말한 바 '모놀로그'의 형식과 '디알로그'의 형식으로 나눌 수 있다. 곧 일방 통행적인 이야기와 상호지향적인 이야기이다. 첫째 경우에 있어서는 한 사람이 다른 사람에게 그의 답변을 요구함이 없이 혼자 말하는 것이고, 둘째 경우에 있어서는 말을 서로 주고받고 하는 상호지향

관계가 중요하다. 모놀로그 형식의 이야기도 혼잣말의 중얼거림이나 헛소리가 아닌 이상 대응 관계를 전제한다. 그러나 말하는 사람은 한 사람이고 상대방은 듣는 역할만 한다. 디알로그 형식의 이야기는 그와 반대로 서로 말하고 또한 듣는 역할을 함께 담당한다.

명령이나 혹은 이에 준하는 말은 모놀로그 형식에 속한다. 명령도 어떤 의미에선 답을 요구한다고 할 수 있지만 이런 경우에 답은 '이야기'가 아니고 주어진 말을 받아들이고 실천하는 것을 뜻한다. 한스 립스(Hans Lipps)는 그의 『말의 상관성(Velhä-ltnismässigkeit der Rede)』에서 다음과 같이 말한다. "한 사람이 다른 사람에게 명령할 때, 그 상대방은 그 말을 받아들이고 그의 행위에 있어서 그것을 지향함으로써 그것에 상관한다."[1] 명령의 경우에는 상대방에게 인식된 말이 어떤 의미에 있어서든지 이룩된다. 그리하여 이야기는 끝이 난다. 언어를 통한 모든 표현은 이미 말한 바와 같이 삶의 일정한 상황에서 나타난다. 그러므로 그 상황이 요구하는 목적을 달성하면 그것은 그의 사명을 다한다. 의문의 경우에도 그것이 하나의 답을 요구할 때 명령과 마찬가지로 분명한 답을 얻고 나면 이야기는 그것으로 끝난다.

---

1) H. Lipps, *Untersuchungen zu einer hermeneutischen Logik*, Frankfurt/M., 1938 S. 31.

모놀로그 형식의 이야기에는, 이러한 단순한 형태의 것뿐만 아니라 오늘날의 우리 주변에서 큰 뜻을 갖는 다음과 같은 것들이 있다. 첫째로는 사실을 사실대로 묘사해서 전달하는 보도와, 사상이나 이론을 발표하는 강연, 그리고 의견이나 태도를 밝히는 연설 등이 있다. 보도에 있어서는 소위 매스컴을 통해서 대중을 상대로 하는 경우나, 혹은 개인적인 여행담과 같은 경험담에 있어서처럼 개인들을 상대로 하는 경우를 막론하고 사실성을 생명으로 한다. 여기서는 주관적인 사상이나 의견보다는 객관적인 사실이 사실대로 전달되어야 한다. 우리가 일상 말하는 강연에는 여러 가지 이질적인 것이 있다. 보도가 주로 매스컴, 특히 글을 통해서 무제한의 대중을 상대로 하는 데 비해서 강연은 일정한 청중을 상대로 하는 구두 전달을 뜻한다. 그러나 우리가 여기에서 보도와 강연을 구별하는 것은, 보도는 객관적인 사실의 전달을 말하는 데 비해서, 강연은 학술적인 혹은 교양적인 이론과 지식의 전달을 말하기 때문이다. 그러므로 강연에 있어서는 이론적인 지식이 생명이다. 연설은 다시 강연과는 달리 주체적인 의견이나 주장을 발표하는 것으로서 청중을 사로잡는 것이 생명이다. 보도는 상대방에게 말하는 것이고, 강연은 상대방을 생각하게 하는 것이고, 연설은 상대방을 사로잡는 것이다. 이 셋은 모두 모놀로그 형식의 이야기지만 역시 대응 관계를 전제로 하는 이야기이기 때문에 상대방의 마음에 일어나는 반응을 위해서 흥미 있고 논리적이라야 한다.

이제 이야기의 원초적인 형태로서의 디알로그의 형식, 곧 대화를 살펴보자. 이야기의 원초적인 형태로서의 대화는 삶의 일정한 상황을 전제한다. 특수한 현실적인 목적을 지향하는 삶의 상황 아래서 대화는 이루어지지 않는다. 그 특수한 현실적인 목적에 대한 답을 얻으면 이야기는 곧 끝을 맺기 때문이다. '이야기'는 그 원초적인 형태에 있어서 그러한 목적을 갖지 않는다. 다음으로 시간에 쫓기는 빈틈없는 삶의 상황 아래서도 또한 대화는 이루어지지 않는다. 이야기는 그 원초적인 형태에 있어서 삶의 틈을 메우는 것이며, 따라서 남겨져 있는 '여유'를 전제로 한다. 이러한 여유는 주체적으로는 열린 마음을 말한다. 닫은 마음은 이야기를 전연 용납하지 않거나 그렇지 않으면 이야기를 끝맺는 데 조급하고, 이야기를 계속한다고 해도 모놀로그 형식의 이야기에 머문다.

일손을 멈춘 시간에, 혹은 지루한 대합실에서 마주앉은 사람들 사이에 오가는 말로써 이야기는 시작된다. 처음에는 담뱃불을 빌려 달라느니 날씨가 싸늘하다느니 하는 말로써 입을 열 수도 있다.'그리고 아무 목적 없이 말을 주고받아도 대화가 성립된다. 그러나 어느 한 쪽이 다른 쪽을 경계하게 되면 이야기는 곧 끝난다. 대화는 이미 말한 바와 같이 양쪽 모두의 열린 마음을 전제로 한다. 양쪽의 마음이 어느 정도 열려 있는가에 따라서 대화는 깊어진다. 그러므로 서로 믿을 수 있는 오랜 친구들 사이의 대화는 쉽게 이루어지고 깊어진다.

이야기의 원초적인 형태로서의 대화가 변형된 실용적인 형태들로서 협의, 협상, 토론 등이 있다. 사람들은 일정한 삶의 상황 아래서 어려움이나 혹은 불분명한 일을 만났을 때 서로 협의한다. 협의하는 경우에 사람들은 이야기를 주고받으면서 서로 상대방의 의견이나 주장을 마음문을 열고 우선 받아들인다. 그러나 이야기의 문제와 목적은 이미 결정되어 있다. 협의의 경우 이야기는 일정한 문제에 집중되고 일정한 목적을 추구한다. 협상은 협의와는 다르다. 이해 관계가 처음부터 대립된 삶의 상황 아래서 협상이 시작된다. 협상에 있어서는 사람들은 이야기를 주고받으면서 서로 상대방의 의견이나 주장을 자신의 이해 관계에 견주어서 저울질한다. 이야기의 문제도 목적도 미리 결정되어 있다. 협상의 성공은 가장 적은 것을 내주고 가장 많은 것을 얻으면서 합의에 도달하는 데 있다. 협상에 있어서도 열린 마음이 요구되지만 자신의 마지막 의도는 보이지 않는 베일로써 감추어 두어야 한다. 토론도 서로 대립된 주장에서 출발한다. 그리고 여기서는 자신의 주장을 효과적으로 방어해야 한다. 토론에 있어서는 사람들은 이야기를 주고 받으면서도 될 수 있는 대로 나의 말을 상대방이 받아 들이지 않을 수 없게끔 노력한다. 여기서도 이야기의 문제와 목적이 미리 결정되어 있다. 그러므로 토론을 통해서 공동의 결론에 도달하는 것은 어려운 일이다.

지금까지 살펴본 바 대화의 변형된 실용적인 형태들을 통해서 이제 이야기의 본래적인 형태로서 대화가 가지는 성격이 더 분명하게 드러난다. 열린 마음으로 일정한 좁은 목적과 시간적인 제약에 사로잡힘이 없이 이야기를 주고받으면서 다만 참을 지향하는 것이 본래적인 형태의 대화이다. 현대 철학에서 대화는 그 인식론적인, 그리고 그 존재론적인 뜻을 높이 인정받고 있다. 현대의 인식론적인 반성은 인간의 지식이 개인의 주관적인 제약을 벗어날 수 없다는 것을 발견한다. 완전히 객관적이고 필연적이고 절대적인 진리는 엄밀 과학에 있어서도 주장될 수 없게 되었다. 그러므로 진리의 초개인적인 객관성에 접근하기 위해서는 대화의 길을 거치는 수밖에 없다. 열린 대화를 통해서 인간 지식의 주관적인 제약을 될 수 있는 대로 벗어나고 공동의 진리에 도달함으로써 그 객관성에 접근하자는 것이다. 여기에서 '나'의 이론과 주장이 불가피하게 주관적인 제약 아래 있다는 것을 먼저 알고, '너'의 이론과 주장을 열린 마음으로 검토하고 받아들이는 태도가 필요하다. 대화의 인식론적인 의의는 참으로 크다.

　인간의 삶은 하나의 관계 구조이다. 대화는 그 관계 구조를 가능하게 하는 기본적인 조건이다. 삶은 대화와 더불어 있고 대화를 통해서 있다. 이야기 없이 인간의 삶은 있을 수 없다. 김동리의 단편 「석노인」에서 외로움에 지친 석 노인은 다음과 같이 주장한다. "사람이 사람과 더불어 한 집에서 같이 기거하고 말도 건네고 해야 그것이 사는 거지, 혼자 자고 혼자 먹고 혼자 꿈적거리고 혼자 중얼거리고 그렇게만 지낸다면, 그것도 늙은이가 자꾸만 돌아오는 낮과 밤을 어떻게 견딘단 말인가." 이야기를 주고받을 사람도 없이 완전히 말을 잊은 사람 같은 석 노인의 고백이다. 대화는 삶을 가능하게 하고 또한 인간의 자아를 발견하게 한다. 인간은 참다운 대화를 통해서 '너'에 대한 '나'를 발견한다. 그리고 참다운 대화를 통해서 나를 풍부하게 하고 깊게하고 빛나게 한다. 대화로 말미암아 나는 존재한다. 하이데거가 인용한 횔더린(Hölderlin)의 싯귀(詩句)에 다음과 같은 것이 있다. "대화가 있으면서부터 우리는 존재한다. 그리고 우리는 서로서로 말을 듣는다." 여기에서 대화는 인간들이 서로 이해하는 단순한 수단이 아니고, 그리고 또한 간혹 즐길 수 있는 하나의 놀음도 아니다. 인간은 대화를 통해서만 존재한다. 여기서 대화의 존재론적인 의의가 드러난다.

　시간의 제약과 좁은 목적 의식에 구애됨이 없이, 같은 길을 몇 번이나 오가면서 열린 마음과 마음으로 이야기를 주고받는 것, 이러한 대화는 인간의 가장 높은 행복이다. 이러한 대화를 통해서 먼저 나를 발견하고, 그와 동시에 너를 인식하게 되고, 우리는 모두의 인간성을 되찾게 된다. 이러한 대화에서 인간은 객관적인 시간의 흐름을 잊어버리고, 니체(Nietzsche)가 말한 '영원의 샘'[2] 속에 빠져 들어간다. 이러한 대화가 끝나면 모두들 이미 시간이 많이 경과한 것을 발견하고 놀라게 된다. 나와 너는 함께 그 동안 일상 세계와는 다른 세계에 있었다는 것을 깨

---

2) Nietzsche, *Also sprach Zarathustra*, S. 402.

닫는다. 인간의 영혼의 깊이와 삶의 진리는 이러한 참다운 대화에서 밝혀진다. 플라톤의 대화편「향연」이 이러한 참다운 대화의 하나의 보기가 된다. 그 대화가 어떤 '결론'을 얻지 못했다는 것은 철학적인 방법론의 문제를 넘어서 참다운 대화의 본질에 견주어 결함이라기보다는 참다운 형태의 대화의 표현으로서 이해되어야 할 것이다. 빛이 보이는 세계의 아름다움을 드러내듯이 대화는 보이지 아니하는 내적인 세계의 깊이를 밝힌다. 볼노오(Bollnow)는 이렇게 말한다. "대화는 삶을 위한 참신한 힘을 가져온다. 왜냐하면 그것은 인간을 낮의 괴로움과 밤의 외로움에서 구출해서 늘 새롭게 하고 위로하는 삶의 원천으로 인도하기 때문이다. 대화에서 드러나는 진리는 잔인하고 무섭고 강제적인 진리가 아니고, 위로하고 또한 삶을 밑받침하는 진리이기 때문이다."[3]

---

3) O. F. Bollnow, *Sprache und Erziehung*, S. 54.

4. 말의 의미

모든 언어 현상의 근본적인 형태는 이야기이다. 이야기에서 노래와 역사와 대화가 나타나고, 말들이 드러나게 된다. 그런데 '말'이 무엇이냐고 물으면 간단하게 대답하기는 어렵다.

(1) 저 사람은 말이 무겁다.
(2) 저 사람은 몇 나라 말을 잘한다.
(3) 나면서부터의 귀머거리는 말을 못 한다.
(4) 저 어린이는 벌써 말을 많이 안다.

이러한 네 경우의 '말'도 모두 다른 뜻을 가졌다. (1)의 경우

는 언어 표현의 행위를 뜻하고, (2)의 경우는 객관적인 구조로
서의 언어를 뜻하고, (3)의 경우는 인간의 언어 기능을 뜻하고,
(4)의 경우는 어휘 곧 낱말을 뜻한다.

철학적으로 언어의 본질을 물을 때 우리는 이 모든 경우들을
생각해야 한다. 언어 표현의 행위는 수사학(修辭學)이나 문학의
문제일 뿐만 아니라 또한 철학과 윤리의 문제이다. 객관적인 구
조로서의 언어는 비교언어학이나 문법학의 대상이며, 인간의 언
어 기능은 심리학과 생물학의 문제이면서 사실은 인간 존재의 영
원한 비밀이다. 어휘를 다루는 것은 또한 문학이나 언어학의 문
제일 것이나, 모든 어휘는 끝없는 생성과 소멸의 흐름 속에 있다.

이 지구 위에는 수천을 헤아릴 수 있는 여러 종류의 언어들이
있다. 그들 중에 서로 유사한 종류의 것들도 있고 몇 가지 종류
의 높은 문화들을 발전시킨 언어들도 있다. 야스퍼스(Karl
Jaspers)는 이 모든 언어들이 서로 번역될 수 없는 세계를 스스
로의 안에 지니고 있다고 말한다. 그러면서도 그는 이 언어들이
모두 인류의 언어로서 또한 공통성을 갖고 있기 때문에 어느 정
도까지는 서로 번역될 수 있다고 말한다.[1] 이러한 언어들은 사
전과 문법에 의해서 정리된다. 또한 이러한 언어들 중에는 몇
천년의 역사를 여러 가지 방법에 의해서 밝혀낼 수 있는 것도
있다. 그리고 어린이들이 이러한 언어를 새롭게 습득하는 것을

---

1) K. Jaspers, *Die Sprache*, München, 1964, S. 9.

관찰할 수도 있고, 또한 첫 3년 동안에 언어 습득이 놀랄 만큼 발전하는 것을 확인할 수도 있다. 따라서 어린이가 어떻게 언어를 습득하는가에 따라서 그의 장래가 달라진다.

우리는 이와 같이 언어에 관해서 많은 실증적인 지식들을 얻을 수 있다. 그러나 이 모든 언어에 관한 지식들에도 불구하고 말의 본질이 무엇이냐는 물음에는 명확한 대답을 할 수 없다. 첫째로 우리는 말의 기원, 곧 말이 어떻게 생겨났으며 어떻게 생겨날 수 있었는가 하는 데 대해서 알지 못한다. 우리가 언어의 역사를 아무리 더듬어 올라가도 거기에는 언제나 이미 완전한 형태의 말이 있을 뿐이다. 언어의 기원에 대한 여러 가지 가설들은 모두 믿을 수 없는 낡은 이론들이다. 둘째로 말은 지식의 '객관적인 대상'만이 아니고 지식의 '주체적인 기관'이다. 말을 사유의 대상으로 삼을 때에도 역시 인간은 말을 통해서만 사유할 수 있기 때문에, 말은 동시에 사유의 대상이며 또한 주체라고 할 수 있다. 이런 의미에서 야스퍼스는 말을 인간이 거기에서 빠져 나올 수 없는 '포괄자(ein Umgreifendes)'라고 했다.[2] 그런데 우리는 언어의 기본적인 기능을 살핌으로써 이 포괄자의 본질을 밝힐 수 있다. 야스퍼스는 언어의 기본 현상을 '존재의 밝힘(Das Offenbarwerden des Seins)'이라고 표현하였다.

존재의 밝힘은 말의 '의미'를 통해서 가능하다. 그러므로 말

---

2) 같은 책, S. 10.

의 기본적인 기능은 의미하는 데 있는 것이다. 인간이 소리를 질러도, 혹은 자연의 음향을 모방해도, 앵무새를 흉내내도 그것은 '말'이 아니다. 말은 인간이 듣는 혹은 말하는 소리에 있어서 대상에 대한 그의 지향(Intention)과 또한 의미를 드러낼 때 비로소 말이다. 따라서 인간이 소리를 통해서 일정한 내용을 의미하면서 그것을 지향하는 것, 이것이 언어의 기본적인 기능이다. 여기에서 '소리'라는 것은 단순한 음향이 아니고 음상(Lautbild)이다. 이 음상의 형성이 바로 언어의 예술이다. 그러므로 말은 다음과 같이 정의될 수 있을 것이다. 말은 이야기에 있어서 나타나는, 그리고 인간의 사회에서 이룩되는 음상들로써 이루어지는 작품이다. '작품'이라고 해도 인간의 다른 작품들처럼 의식적으로 만들어진 작품들과는 달리 인간의 사회 안에서 '이루어지는 작품'이다.

인간이 소리를 통해서 일정한 내용을 의미하면서 그것을 지향하는 것이 언어의 기본적인 기능이라고 했다. 만일 기본적인 기능이 더 소급될 수 없는 원초적인 모습을 나타내는 것이라면 말에 있어서는 소리와 뜻 혹은 음상과 의미가 분리될 수 없다. 이둘은 대립된 것(Gegensatz)도 아니고 동일한 것(Identität)도 아니다. 분리될 수 없는 얽힘(Ineinandersein)이라는 표현이 이 관계를 더 가깝게 드러낸다고 생각된다.

말은 기호와 비유와 상징의 모든 것을 포괄한다. 따라서 말의 의미는 언제나 단순한 기초나 비유 혹은 상징 이상의 것이다.

문법학이나 언어학이 편의상 의미보다는 음상에 주목할 수도 있고, 혹은 바이스게르버(Weisgerber)처럼 반대로 음상보다는 의미에 주목해서 연구를 시도할 수는 있으나, 이 둘의 분리될 수 없는 얽힘이 말의 본질적인 특징이다. 언어심리학자 카인츠(Kainz)는 '말'에 있어서는 음상과 의미의 결합이 본질적인 것이라고 하면서 이 결합을 다음과 같이 설명한다. 처음에는 음상과 의미의 연합(Assoziation)이 출발점을 이룰 것이나, 그 말이 친숙성(Vertrautheit)을 더해감에 따라서 '초연합적인 융합(Verschmelzung)'을 이룩한다고 표현한다. 그는 말의 이러한 본질적인 성격과 인간의 상징의식(Symbolbewuβtsein)을 결부시켜서 설명했다. 카인츠가 여기에서 말한 '초연합적인 융합'을 바이스게르버는 다른 각도에서 다음과 같이 설명한다. "음형과 그것이 의미하는 사실은 단순히 연결되는 것이 아니고 이 둘 사이에는 정신적인 작업에 의한 하나의 전연 본질적인 단계(Stufe)가 놓여 있다."[3] 야스퍼스가 음상(Lautbild)이라고 말한 것을 바이스게르버는 음형(Laut form)이라고 한다. 바이스게르버는 '의미(Bedeutung)'라는 표현을 회피하고 '내용(Inhalt)'이라는 표현을 택한다. 그리고 여기에서 '본질적인 단계'라는 것은 역시 훔볼트의 '중간 세계(Zwischenwelt)의 개념을 그대로 가져온 것이다. '아저씨'라는 말을 보기로 들어 이

---

3) J. L. Weisgerber, *Das Gesetz der Sprache*, Heidelberg, 1951, S. 22.

것을 설명해 보자. 여기에서는 부모와 같은 또래의 모든 남자들을 정답게 부르는 말로서의 속칭 아저씨가 아니고 친족 명칭으로서의 아저씨를 말한다. 친족 관계를 객관적인 도표로 그리면 다음과 같다. 이 도표에 그려진 위치들과 줄로써 표시한 관계들은 객관적인 사실이다.

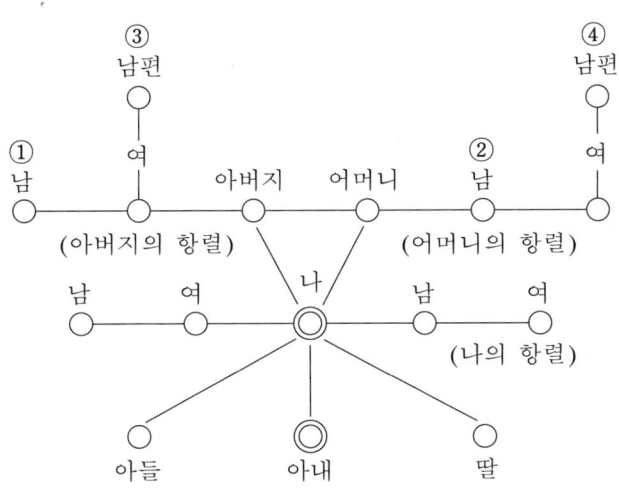

그런데 아저씨라는 말은 (1) 아버지와 같은 항렬의 남자들 (2) 어머니와 같은 항렬의 남자들 (3) 아버지와 같은 항렬의 여자들의 남편 (4) 어머니와 같은 항렬의 여자들의 남편, 이렇게 네 가지 위치를 포괄한다. 그러므로 아저씨라는 말은 친족 관계의 하나의 특수한 통일적인 구조를 형성한다. 이렇게 형성된 하나의 통일적인 구조를 바이스게르버는 정신적인 작업에 의해서 이룩된 하나의 본질적인 단계라고 했다. 홈볼트는 이러한 하나의 단계를 '중간 세계'라고 한다. 이 중간 세계라는 표현은 큰 의미를 가지고 있다. 인간은 주체로서의 자기자신과 객관적인 사실 곧 객체 사이에 음향과 그 내용, 곧 소리와 뜻이 하나로 융합된 중간세계라고 할 수 있는 말을 이룩한다. 이에 대해서는 뒤에 다시 자세히 논술할 것이다.

그러므로 말은 객체에 붙은 꼬리표가 아니다. 모든 말이 이름은 아니지만 이름도 역시 인간의 사회적 정신 작업에 의한 중간세계에 속한다. 따라서 말의 의미를 그것이 가리키는 객체와의 대비를 통해서 고정적으로 정의하기는 어렵다. 이것을 언어심리학적으로 확인하기 위해서 먼저 언어 표현의 기본 요소를 살펴보면 다음과 같다. (1) 말하는 사람 (2) 말해지는 대상 (3) 이야기의 문제, 이 문제의 방향에 따라서 대상이 달리 드러난다. (4) 표현의 수단, 곧 구체적인 언어 등이 언어 표현에서 함께 작용한다. 이 네 가지 요소들은 상호 의존하고 있기 때문에 (2)의 대상도 (3)에 의해서 일정한 각도에서 비추어지고, (1)에 의해서 지각된 것이 (4)의 일정한 언어의 특수한 틀을 빌어서 표현되기 때문에 객관적인 사실 자체라고 할 수는 없다. 그러므로 말의 의미는 객관적인 사실 자체를 뜻한다기보다는 그 사실이 말하는 사람의 마음 속에 비추어진 표상을 뜻한다. 그런데 이 표상이 언어라고 하는 초개인적인 틀에 담겨서 초주관적인 형태를 이룩하는데, 이것이 객관적인 사실 그대로도 아니고 주관적인 표상 그대로도 아닌 중간 세계를 형성한다.

따라서 말은 객관적인 사실 자체를 직접 표현하는 것이 아니다. 우리가 흔히 탓하는 바 말의 의미가 불확정적이고 다의적이고 따라서 애매한 것이 많다는 것은 여기에 근거한다.

그러므로 바이스게르버는 말을 정확하게 이해하기 위해서 '말밭(Sprachfeld)'의 이론을 내세운다. 보기를 들면 우리말로 색깔을 표현하는 말들은 붉은색, 푸른색, 노랑색, 흰색, 검은색 등이 있다. 붉은색이 무엇인지 우리는 모두 알고 있지만, 그것이 객관적으로 어떤 하나의 고정적인 색깔을 의미하느냐는 결정할 수가 없다. 왜냐하면 붉다는 말에는 엄밀하게 따지면 여러 가지 종류의 색깔이 포괄되기 때문이다. 그러므로 붉다는 말을 바르게 이해하기 위해서는 적어도 기본 색깔을 표현하는 말들을 모두 가져다가 그것들의 도움을 받아서 색깔의 세계 전체를 구분하고 정리함으로써 붉다는 말의 뜻이 바르게 나타난다. 다시 말하면 붉다는 말은 색깔의 말밭 안에서 바르게 파악될 수 있다는 것이다. 고대 희랍 문학을 번역하는 사람들이 흔히 그들이 알 수 없는 색깔의 이름 때문에 당황한다고 한다. 희랍 사람들은 현대인들이 전연 알 수 없는 특수한 색깔을 지각한 것은 아니다. 색깔을 표현하는 모든 이름들을 하나의 말밭 안에 가져다가 그들의 상호 관계를 살필 수 있으면 그 번역될 수 없는 색깔의 이름이 바르게 밝혀질 수 있을 것이다.

하나하나의 말의 뜻이 고정적으로 확정될 수는 없다는 생각은 한스 립스(Hans Lipps)에게서 나타난 사상인데, 이 사상이 최근에는 영미 철학에서도 인정되어 가고 있는 것은 주목할 일이다. 비트겐슈타인(Wittgenstein)은 말하기를, "하나의 말이 이야기 속에서 쓰이는 길, 그것이 그 말의 의미이다."라고 한다.[4] 하나의 말의 의미는 고정적으로 따로 있는 것이 아니고 이야기 속에 있어서의 용도와 위치에 따라서 결정된다는 뜻이다. 할러(R. Haller)는 비트겐슈타인의 이 말을 다음과 같이 설명한다. "의미의 문제에 대한 이와 같은 새로운 해석은 보기에는 그렇게 깊은 의의가 있는 것 같지 않을는지 모르나 사실 여기에는 큰 폭발력이 숨어 있다. X에 대한 의미 물음을 통해서 하나의 말이 무엇을 뜻하는 지가 발견되는 것이 아니라, 그 말이 쓰이는 길을 관찰하고 묘사함으로써 우리는 그 의미를 찾아낼 수 있다."[5] 이것을 바꾸어 말하면 말이 하나하나 고정적으로 확정적인 뜻을 가졌고 그것이 기계적으로 연결되어 문장을 이룩하는 것이 아니고, 말은 이야기 속에서 쓰이는 길에 따라서 그 의미가 드러난다는 것이다. 따라서 언어 현상은 기계적인 구조로 관찰될 것이 아니라 삶의 전체 맥락과 관련하여 이해되어야 한다.

---

4) Wittgenstein, *Schriften I.* S. 311.
5) R. Haller, *Die linguistische Methode in der Philosophie*, 1965. S. 133.

말은 이야기 속에서 쓰이는 길에 따라서 그 의미가 드러난다
고 하지만, 만일 그 '쓰이는 길'이 엄격한 규범을 따르는 것이라
면 언어 현상 역시 기계적으로 관찰되고 분석될 수 있을 것이
다. 그러나 말이 쓰이는 길은 엄격한 규범을 따르지 않는다. 문
법적인 규칙들도 결코 완전히 기계적인 것은 아니다. 따라서 말
이 쓰이는 길은 늘 삶의 상황에 따라서 변하고 넓혀지곤 한다.
할러에 의하면 말의 의미의 이러한 불확정성은 일상 언어 체계
의 개방성에 근거하고 있다. 우리가 언어를 이와 같이 이해하게
되면 지금까지 의미의 불확정성 때문에 언어를 공격하는 언어적
대관계의 부당성을 알 수 있게 된다. 그러나 개념의 부정확성을
바로잡으려는 노력은 정당할 뿐만 아니라, 우리가 정의할 수 있
는 개념들의 영역 속에서 움직이는 한 필연적이다. 과학은 그의
개념들을 분명하게 다듬어서 만들어야 하기 때문에 여기서는 특
히 정확성이 문제된다. 그렇지만 이것은 말의 의미를 일의적(一
義的)으로 고정화시켜야 된다는 것을 뜻하지 않는다. 말의 의미
를 기계적으로 확정해 두려는 노력을 무리하게 시도하면 말의
전체적이고 본질적인 기능을 파괴하는 것이 된다. 그러므로 엄
밀하게 정의될 수 있는 개념들에 대해서 언어는 늘 풀리지 않는
부분을 남겨 둔다. 이 풀리지 않는 나머지 속에 언어의 본래적
인 비밀이 있다. 따라서 개념의 정확성을 위해서 모든 언어를
기계적으로 다듬으려는 시도는 실패로 돌아가기 마련이다. 말들
의 의미는 불가피하게 불확정적이다. 말의 의미의 이러한 부정

확성에도 불구하고 그러한 말로써 정확한 개념을 표현할 수 있도록 하는 것이 말을 잘 쓰는 비결이다.

볼노오(Bollnow)는 말의 의미의 이러한 불확정성은 언어의 흠이 아니라 자랑이라고 말하고 있다. 그는 헬름홀츠(Helmholtz)가 인간의 눈을 광학 기계의 렌즈에 비유한 것을 상기시킨다. 인간의 눈은 하나의 광학적인 렌즈로서는 기계적으로 매우 불완전하게 제작되었다. 그러나 이것은 인간의 눈을 외부의 현상을 묘사하기 위한 기계로 생각할 때만 할 수 있는 말이다. 인간의 눈은 삶을 위해서 여러 가지 기능을 갖고 있다. 이 복잡한 기능을 위해서는 광학적으로 엄밀하지 못한 눈의 구조가 오히려 효과적이다. 언어의 경우도 이와 마찬가지다. 언어가 만일 이미 형성된 현실을 기계적으로 묘사하는 것이라면 말의 의미의 불확정성은 하나의 흠이 될 것이다. 그러나 언어는 인간의 삶을 위한 더 복잡한 기능을 갖고 있다.

언어는 수동적인 묘사의 기능뿐만 아니라 적극적인 창조의 기능을 갖고 있다. 언어는 인간의 사유를 형성시킬 뿐만 아니라 인간의 이해의 세계를 구성하고 특수한 방향으로 해석한다. 말의 의미의 불확정성은 바로 이러한 창조적인 기능을 가능하게 하는 요인이 된다. 우리가 이 흠을 억지로 배척하려고 하면 언어를 그 가장 깊은 본질에 있어서 파괴해 버리는 것이 된다. 이것은 립스와 볼노오, 그리고 비트겐슈타인 등에 의한 언어관에서 나타나는 혁명적인 견해이다.

그러나 말의 의미의 불확정성이 사실은 언어의 흠이 아니고 창조적인 기능을 뒷받침하는 것이라고 해서 개념의 부정확성을 용인하는 것은 아니다. 다만 나는 말이 복잡한 삶의 상황의 관련 아래 일정한 이야기 속에서 늘 창조적인 기능을 다하는 것이 중요하다고 생각하는 것이다. 말은 그 의미의 불확정성에도 불구하고, 아니 그보다도 바로 그 불확정성 때문에 복잡한 삶의 관련 아래서 분명한 개념을 정확하게 다듬어낼 수 있다. 이것이 언어의 창조적인 기능이며 그의 신비스러운 비밀이다.

5. 말과 기호

분명한 개념을 정확하게 표시하기 위해서 인위적인 기호를 만들어서 사용할 수도 있다. 그러나 말은 그러한 단순한 기호 이상의 것이다. 야스퍼스(Jaspers)는 말과 기호를 대비해서 다음과 같이 서로 구별한다.

(1) 말은 역사적으로 형성되며, 불확정적이고 풍부한 의미들을 지니고 있고, 사용되면서 발전한다.

기호는 인위적으로 고안된 것이며 고안되면서 엄격히 정의된 것이다.

(2) 말은 다의적(多義的)인데, 기호는 일의적(一義的)이다.

(3) 말은 움직이는, 그러나 그 말에 있어서 의미와 본질과 사

실과 경험이 결정(結晶)되는 그러한 의식화(意識化)의 세계이다. 곧 말은 살아서 움직이는 생명체로서 그의 의미는 변천한다.

기호는 일의적이므로 움직임이 없고, 기계적으로 지배될 수 있는 기능만을 가졌으며, 그의 의미는 고정적이다.

(4) 말은 그의 포괄성에 의해 뒷받침된다.

기호는 유한한 의미를 가졌으며, 이성만을 위해서 타당하며, 정조(情調)나 배후가 없다.

(5) 말은 대치되기 어려우며 따라서 완전하게 번역될 수 없다. 여기에서 야스퍼스는 정서(Gemüt), 정신(Geist), 관념(Idee) 등을 보기로 든다. 사실 Gemüt는 우리말의 정서와는 다르며, Geist도 우리말 정신과는 그 어감에서부터 같을 수가 없고, Idee는 소위 관념은 아니다.

기호는 그 의미가 완전히 정의되어 있기 때문에 같은 의미를 표시하는 다른 기호로써 대치될 수 있다. 기호는 기술적으로 사용될 수 있고, 단순하게 표현될 수 있고, 여러 가지 가능성을 위해서 편리하게 다루어질 수 있다.

(6) 말에는 언제나 완전히 정리될 수 없는 '나머지'가 있다. 이것이 말의 비밀이다. 말에서는 음향과 그 연합이 중요한 의의를 가진다. 뿐만 아니라 말은 합리적으로 분석될 수 없는 정조를 가진다.

기호는 말이 가진 어두운 나머지가 없이 분명하다. 기호는 그것을 고안한 사람이 생각하지 않았던 여러가지 가능성들이 그것을 통해서 표시될 때에도 역시 소위 나머지가 없이 분명하다.

(7) 그리고 말과 기호의 가장 본질적인 차이는, 기호가 이미 형성된 고정적인 개념을 표시하는 데 비해서 말은 막연한 상념을 개념으로서 비로소 밝힌다.[1]

그리고 이어서 야스퍼스는 말도 역시 일정한 개념을 표시하는 기호의 기능을 가진 것은 사실이지만, 말은 언제나 기호 이상의 것이라고 덧붙여서 말한다. 의미와 그 다양한 가능성에 있어서, 표현의 풍부함에 있어서, 이해시키는 능력에 있어서, 자극하는 힘에 있어서 말은 아무래도 기호 이상의 것이다.

그런데 말의 이와 같은 우월한 기능은 그 은유(Metapher)적인 성격과 립스가 말한 구념(構念, Konzeption)적인 성격에 의한 것이다. 우리가 특수한 과학적인 사유의 영역에서 분명한 개념을 정확하게 표시하기 위해서 기호를 사용할 수 있지만, 그러한 기호가 고안되기까지의 과정에 있어서는 일상적인 언어가 우리의 사유를 이끌어간다. 그뿐만 아니라 그러한 기호들의 조작(Operation)을 통해서 드러나는 진리가 우리에게 인식되고, 삶에 있어서 그것의 가치가 이해되기 위해서는 역시 말의 힘을 빌려야 한다.

그러므로 말을 기호로 대치하려는 노력은 말의 본질을 잘못 이해한 그릇된 언어관에 근거한 시도이며, 따라서 처음부터 실패하게 되어 있는 시도이다.

---

1) K. Jaspers, *Die Sprache*, München, 1964, S. 20-22.

그러면 이제 말의 은유적인 성격과 구념으로서의 성격이 무엇인지 알아보자.

메타파(Metapher)라는 것은 원래 수사학적인 개념으로서 은유라는 뜻이다. 보기를 들면 '자리'라는 말은 원래 사람이 앉을 자리를 뜻하는 말인데, 이 말이 곧 사회적인 공동체 안에서의 한 사람의 위치를 뜻하는 말이 된다. '일자리'라고 할 때는 원래의 '앉을 자리'의 자리는 아니다. 그래서 우리는 원래의 뜻을 가진 말과 은유로서의 말을 구별한다.

하늘에 구름이 떠 있다고 할 때의 '하늘'은 인간의 삶의 세계를 위에서 덮고 있는 공간으로서 원래적인 뜻의 하늘이고, 하늘이 두렵다고 할 때의 '하늘'은 어떤 절대자로서 은유의 뜻이다.

그런데 이러한 구별은 사실 상대적이다. '집'이라는 우리말은 주택을 뜻할 때 원래적인 말이고 가정을 뜻할 때는 은유의 말이라고 하기 어렵다.

그래서 야스퍼스는 "원래적인 뜻의 말이라는 것은 사람들이 그 말을 사용함에 있어서 은유의 성격을 의식하지 못할 때의 것을 의미한다."[2]고 한다. 그러면서 그는 말이라는 것은 처음부터 모두 은유라고 한다.

왜냐하면 모든 말은 음상(Lautbilder)이며, 따라서 그것이 의미를 갖는다는 것 자체가 처음부터 비유라는 것이다. 그래서

---

2) 같은 책, S. 14.

은유가 아닌 '원래적인 말'이란 없다고 야스퍼스는 주장한다. 그는 니체(Nietzsche)가 언어를 '움틀거리는 은유의 무리(ein bewegliches Heer von Metaphern)'라고 한 것을 인용하고 있다.

야스퍼스에 의하면 말의 본원은 은유인데, 이 은유에서 어떤 의미를 가진 구체적인 형태의 말이 나타나고, 이 말이 다시 새로운 은유들로서 사용되게 된다. 그러므로 우리는 이러한 말의 본원을 잊어버렸을 때만 은유가 아닌 '원래적인 말'을 발견한다는 것이다.

그러면 언어 현상에 있어서의 이와 같이 보편적인 은유는 무엇을 의미하는 것일까?

첫째로, 그것은 말의 의미가 비유적인 성격을 가진 인간의 표상과 개념이라는 것을 뜻한다. 둘째로, 따라서 말은 객관적인 사물을 직접 묘사하는 것이 아니고 그것에 관한 인간의 비유적인 표상과 개념을 표현하는 것이다. 셋째로, 인간의 이러한 표상과 개념은 삶의 움직임 속에서 이루어지는 것이며 그와 함께 말도 이루어진다. 말이 삶의 움직임 속에서 이루어진다는 것은 말이 객관적인 일정한 사물에 고정적으로 붙은 이름이 아니라는 것을 뜻한다. 넷째로, 은유적인 성격 때문에 말은 그 의미의 가능성을 무한히 넓혀 갈 수 있다. 말은 늘 새로운 비유의 비유를 낳을 수 있기 때문이다. 말이 기호와는 달리 고정적으로 정의될 수 없는 것은 여기에 그 이유가 있다. 다섯째로, 말은 그 은유의 현상으로 인해서 인간 이해의 세계에 의미 관련과 질서를 이룩한다. 사람의 '다리'와 책상의 '다리', 그리고 냇물을 건너는 '다리'가 은유적으로 하나의 의미로 관련되어서 우리의 이해 체계 안에서 정리된다.

볼노오(Bollnow)도 언어의 힘에 의해서 사물의 세계에 의미 관련이 이룩된다는 것을 중요하게 생각한다. 그가 말하는 이 의미 관련은 사물의 세계 자체 안에 이미 주어져 있는 것이 아니고 언어에 의해서, 곧 은유들로 말미암아 이룩된다. 그리고 볼노오는 은유의 현상을 '말의 경제'라는 견지에서 설명하고 있다. 모든 하나하나의 물체와 모든 새로운 사실들을 위해서 늘 새로운 말들이 필요한 것이 아니고, 인간은 이미 갖고 있는 말들을 은유의 힘을 빌어 새로운 사물들을 파악하는 데 사용한다는 것이다. 이 '말의 경제'는 인간의 언어 생활에서 공리적인 의의를 가졌을 뿐만 아니라 의미 관련을 통해서 이해의 세계 안에 질서를 세운다는 더 중대한 의의를 가졌다. 만일 우리가 모든 하나하나의 사물과 모든 새로운 사물들을 언제나 다른 말들로써 표현한다면 서로 아무 관련이 없이 병립해 있는 무한히 많은 낱말들이 나타날 것이다. 그러한 낱말들은 하나하나가 서로 관련 없이 모아 붙여진 무수한 조각들의 집합과 같은 세계상을 우리에게 알려 줄 것이다. 그러나 은유를 통해서 모든 새로운 사물은 이미 알려져 있는 사물과 관련되어지고 하나의 질서있는 이해의 지평 속으로 끌려들어 간다.

책상의 '다리'라고 할 때 다리는 단순히 책상의 어떤 하나의 부분을 표시하는 이름이 아니고 이 은유를 통해서 그것이 이미 알려져 있는 이해의 세계에 끌려 들어간다. '다리'라는 것은 그 것으로 말미암아 사람이 서는 것을 뜻하기 때문에, 이 은유를 통해서 벌써 책상이 놓여 있는 상태가 의인화되어서 해석되고 이해된다. 다시 말하면 책상이 바닥에 놓여 있는 상태가 서 있는 것으로 해석되고 이해되는 것이다. 책상 자체로서는 사실은 서 있는 것도, 앉아 있는 것도, 누워 있는 것도 아니고 다만 놓여 있는 것이지만, '다리'라는 은유 때문에 서 있는 것으로 해석되고 이해되는 것이다. 그런데 카인츠(Kainz)가 말한 바와 같이 만일 은유가 인간의 모든 언어 생활의 원현상이라면 모든 말은 처음부터 사물을 표시하는 단순한 이름이 아니고 이미 그 사물에 대한 인간의 특수한 해석과 일정한 이해를 뜻하는 것이다. 이러한 특수한 해석과 일정한 이해는 객관적인 필연성에서 오는 것이 아니고 언어의 창조적인 기능에 속하는 것이기 때문에 언어의 종류에 따라서 다른 방법으로 이루어질 수 있다.

서양 철학에서 하나의 중요한 개념이 된 희랍말 이데아(Idea)는 원래 '본다'는 말에서 나온 것이라고 한다. 이데아라는 말의 이러한 특수한 은유적인 성격이 서양 철학 전체에 미친 특수한 영향은 말할 수 없이 크다고 볼노오는 말한다. 만일 이데아가 '본다'가 아니고 '듣는다'에서 나온 말이라면 서양 철학의 이데아는 그 주체적이고 창조적인 성격을 잃고 수동적이고 묘사적인 성격을 가졌을 것이다. 만일 그러하였더라면 서양 철학의 본질적인 성격과 서양 문명 전체가 다른 방향으로 흘렀을 것이다.

말의 은유적인 성격은 따라서 인간 삶의 현실 전체를 하나의 의미 관련 체계 안에서 특수하게 해석하고 정리하는 큰 의의를 가졌다.

다음으로 한스 립스가 말한 언어적인 구념(Die sprachliche Konzeption)이 무엇인가 알아보자. 내가 여기에서 우리말 '구념(構念)'을 선택한 것은, 그것이 개념이나 관념과는 다르며 또한 단순한 구상(構想)과도 다르기 때문이다. 말은 구체적인 형태로 구성된 사념, 곧 구념이라는 뜻이다. 말의 가장 본질적인 기능은 구념 작용이다. 이러한 구념이라는 개념을 이해하기 위해서 우리는 먼저 말과 이름을 구별해야 한다.

기계적인 언어관을 가진 사람들은 흔히 말을 사물을 표시하는 이름으로 이해한다. 이름씨의 경우뿐만 아니라, 보기를 들면 움직씨도 일정한 확정적인 동작에 대한 이름이라는 것이다. 이렇게 해서 모든 말은 일정한 사실과 물체에 대한 이름이라고 생각한다. 다시 말하면 말은 확정적이고 일정한 사실과 물체를 그대로 표시하는 이름이라는 뜻이다. 그러나 깊이 살펴보면 말은 그러한 의미에서의 이름과는 다르다. 이미 말한 바 언어적대관계를 대표하는 사람들이나 언어비판주의자들은 그러한 기계적인 언어관에서 출발한다.

이름씨는 많은 말들 중의 일부분이다. 그런데 이름씨 중에도 위에서 말한 그러한 의미에서의 이름은 홀로이름씨뿐이다. 그러나 홀로이름씨도 역시 그것이 표시하는 사물 자체에서는 연역될 수 없는 성격을 덧붙여서 표현한다. 곧 동일성을 그 사물 자체에 가져다 준다.

홀로이름씨로서 사람의 이름을 보기로 들면, 그 사물의 실체는 육체적으로 심리적으로 늘 변화하는 하나의 현상인데 그의 이름은 그에게 동일성을 보장한다. 오늘도 내일도 그 사람이 같은 사람으로 간주되는 것은, 그 사람의 육체적인 혹은 심리적인 실체에 근거한 것이 아니고, 그의 이름이 동일성을 보장해 주기 때문이다.

두루이름씨의 경우에는 말의 구념적인 성격이 더욱 뚜렷해진다. '물고기'라는 말을 보기로 들면 이 말은 특수한 생물 자체를 표시하기는 하지만, 또한 일정한 생물학적인 이론에 따라서 일정한 생물을 특수하게 분류하는 것이다. 이 분류는 객관적인 생물 자체에만 의존하는 것이 아니고 거기에는 인간의 특수한 해석이 함께 작용한다. 고래나 창고기는 물 속에 사는 생물이지만 물고기가 아니라는 것은, 물고기라는 말이 지니는 일정한 생물학적인 해석 때문이다. 따라서 물고기라는 말은 객관적인 특수한 생물을 표시하기만 하는 이름이 아니라 그 생물을 지향해서 구성된 인간의 사념이 구체화된 것이라고 할 수 있다.

두루이름씨의 하나로서 다시 '의자'라는 말을 보기로 들어 보자.

의자가 무엇인가? 만일 이 의자라는 말이 하나의 확정적인 사물을 표시하는 이름이라면, 도대체 어떻게 생긴 사물을 뜻하는가?

그런데 의자는 일정한 고정적인 모양을 갖지 않았고 의자라는 말은 여러 가지 모양의 물체를 의미한다. 만일 의자란 사람이 걸터앉기 위해서 만든 가구라고 해도, 걸터앉기 위해서 만든 것이 모두 의자라고 할 수는 없다. 그러므로 의자라는 말은 일정한 물체에 붙은 이름이라기보다는 인간의 삶 속에서 구체적으로 구성된 사념의 표현이라고 할 수 있다. 다시 말하면 일정한 삶의 상황 속에서 배태된 구념이라는 것이다.

또 다시 '자리' 라는 말을 보기로 들어 보자.

(1) 방은 가득 차서 내가 앉을 '자리' 를 찾을 수가 없었다.
(2) 사람이 영원히 거할 '자리' 는 무덤이다.
(3) 그곳은 화병을 놓을 '자리' 는 아니다.
(4) 바로 여기가 논개가 왜장을 안고 물에 빠진 '자리' 다.
(5) 그 사람은 정부의 높은 '자리' 를 얻었다.

(1)과 (2)의 경우는 조금씩 뜻이 다르지만 일정한 공간을 의미하고,

(3)과 (4)의 경우도 역시 조금씩 뜻이 다르지만 일정한 위치를 의미하며,

(5)의 경우는 사회적인 지위를 뜻한다.

그러나 '자리'라는 말이 모든 종류의 구획된 공간과 모든 종류의 일정한 위치와 모든 종류의 지위에 붙을 수 있는 이름이냐고 물으면 문제는 어려워진다. 우리는 혹 '자리'의 기본 의미는 일정하게 구획된 공간을 그것을 차지할 사물에 견주어서 부르는 이름이고, 여기에서 연역된 여러 가지 다른 의미들을 가질 수 있다고 주장할 수 있다. 그러나 우리가 일상어에서 여러 가지 의미로 사용하는 '자리'라는 말의 경우, 반드시 어느 것이 기본 의미고 다른 것들이 연역된 의미들이라고 구별할 수 있는 근거는 없다. 실제로 사용되는 자리라는 말은 내용적으로 일정하게 정의하기 어렵다. 그것은 여러 가지로 사용될 수 있는 가능성들을 위해서 열려 있는 말이다.

그러므로 자리는 일정한 사물에 붙은 이름이 아니고 우리의 삶이 환경과 접촉하고 그로 말미암아 이루어지게 되는 삶의 태도로부터 배태된 개념이다.

"어떤 말도 그것이 표현할 수 있는 대상의 영역을 확정시킬 수는 없다. 그것이 무엇을 의미하느냐는 것을 대상을 통해 고정시킬 수는 없다."[3]라고 립스가 말한 것도 그 때문이며, '자리'와 같은 간단한 말이 그대로 꼭 같은 한 마디의 외국말로 번역될

---

3) H. Lipps, *Untersuchungen zu einer hermeneutischer Logik*, Frankfurt a.M., 1938, S. 104.

수 없는 것도 그 이유가 여기 있다.

말이 이와 같이 객관적인 사물에 붙는 이름이 아니고 인간이 그의 삶의 환경과 대결하면서 취하는 태도와 더불어 구성된 사념을 표현하는 것이라는 것이 립스의 구념 사상이다. 이러한 구념 사상에 의하면 말은 객관적인 사물을 '표시'하는 것이 아니고 '의미'하는 것이다. 여기에서 말이 사물을 의미한다는 것은, 말이 그 사물을 분류하고 정리할 뿐만 아니라 그 사물을 일정한 각도에서 해석하고 일정한 방법으로 파악한다는 것을 뜻한다.

정신적인 세계, 곧 생각과 느낌과 태도를 의미하는 경우에 말들은 이미 형성된 사실을 표현하는 것이 아니고, 그러한 생각과 느낌과 태도를 이룩하는 데 함께 창조적으로 작용한다. 말의 이와 같은 창조적인 힘에 대해서는 뒤에 다시 자세히 살펴볼 것이다.

언어적인 구념의 사상은 말의 창조적인 힘에 대한 이해를 뒷받침한다. 독일말 'Geist'와 영어의 'spirit'라는 말과 우리말 '얼'은 서로 단순하게 교환 번역될 수 없는 말들이다. 그것은 이 말들이 하나의 고정적인 사실을 표시하는 이름이 아니고, 각각 그 민족들의 특수한 역사적인 상황 속에서 서로 다른 정신적인 태도와 더불어 움트고 자라난 말들이며 그로 말미암아 각각 특징적인 뉘앙스들을 가졌기 때문이다. 이러한 특징들은 또한 그 민족들의 정신 생활을 각각 특수하게 이끌어가고 형성한다.

6. 말의 심리 현상

이제 우리는 사람이 어떤 조건들 아래서 말을 배우고, 그것을 익히고, 또한 사용하며, 이 모든 것이 개인의 삶을 위해서 어떤 의미를 갖는가를 알아 보아야 하겠다. 물론 이것은 언어심리학의 기본 문제인데, 여기서는 앞으로의 언어철학의 전개를 위해서 도움이 되는 한도 안에서 다루어 보기로 한다. 다시 말하면, 사람의 언어 생활이 어떻게 이루어져 나가며 그것이 그의 삶과 일을 위해서 무엇을 의미하느냐는 것이다.

인간은 그의 가장 어린 시절부터 말의 힘의 울타리 속에서 자라나게 되고 그의 일생을 통해서 그 울타리의 보호를 벗어나지 못한다. 인간은 이 세상에 태어난 첫해부터 말을 배우기 시작해서 죽을 때까지 이 배움은 계속된다. 특히 5, 6세까지의 어린이들이 말을 배우는 현상은 주목할 만하며 심리학적인 연구 대상이 된다.[1] 물론 초등학교 시절의 언어 습득 과정도 충분히 관찰할 만한 가치가 있다. 사실 말을 배우는 과정은 이미 인간의 의식적 생활의 첫 순간에 시작된다. 가장 결정적인 시기는 흔히 사람들이 말하는 것처럼 첫마디 말이 입에서 나타나는 때가 아니고 주위 사람들에게서 들려오는 말에 반응하기 시작하는 때이다. 말을 하는 것보다는 말을 듣는 것이 먼저라는 것이다. 흔히 언어심리학은 쉽게 나타나는 언어 표현의 현상을 일방적으로 앞세우지만, 사실은 이미 존재하는 역사적이고 사회적인 문화재로서의 언어를 받아들이고 이해하는 것이 앞서는 것이다. 어린이는 언어 생활의 울타리 속에 태어나서 거기에서 자라나기 때문에 처음에는 뜻 없는 소리를 놀음으로 발하다가 드디어는 주위에서 들려 오는 말을 흉내내게 된다. 이렇게 첫마디의 말이 나타나게 되면 그것이 말을 배우는 데 큰 추진력이 된다. 이것은 출생 후 8개월이면 나타나기 시작한다. 이로써 인간이 말을 배우고 그것을 익히고 그것을 사용할 수 있는 가장 중요한 전제 조건이 이루어진 것이다. 물론 이것은 그 어린이를 둘러싸고 있는 언어 생활에 의해서 자극되고 소리를 상징적으로 사용할 수 있는 수동적인 혹은 능동적인 능력에 의해서 뒷받침되어 이루어진다.

---

1) CL. und W. Stern, *Die Kindersprache*, 1938.

어린이가 두 살이 되면 그의 삶의 세계를 이해하기 위해서 의식적으로 올바른 말을 배우려는 태도가 뚜렷해진다. 여기에서 그 어린이의 정신 세계는 그가 배우는 말에 의해서 이루어진다. 이렇게 해서 언어 생활의 가장 중요한 기초는 마련되고, 어린이의 언어·습득 과정은 그의 정신 세계의 발전과 더불어 급속히 성장한다. 이러한 언어 습득의 과정을 단계적으로 연구한 사람이 많이 있었다. 보기를 들면 먼저 이름씨를 배우고, 다음으로 움직씨, 그리고 세 살이 되어서 말의 바뀜을 이해하게 된다는 것이다. 그러나 우리는 여기에서 이런 문제를 자세히 다룰 수는 없고, 다만 언어 습득의 과정에 나타나는 일반적인 특징들을 알아 볼 필요가 있다. 첫째로, 어린이의 언어 습득 과정은 관계자의 의지나 계획의 피안에 있는 기계적인 과정이 아닌 자연스런 과정이다. 그것은 어린이의 삶 자체의 발전의 일부로서 관찰될 수 있다. 둘째로, 어린이의 언어 습득에 대한 그 언어 공동체의 작용이 특징적이다. 정상적인 경우 어린이는 가족들 사이에서 말을 배우기 시작한다. 그러나 가족들 중에 누구의 영향을 많이 받으며 이웃 사람들의 작용과 동무들과 거리의 사람들의 작용이 어떻게 영향을 주는가라는 문제는 보편적으로 대답할 수 없는, 경우에 따라서 다른 개성적인 문제이다. 그러나 한 가지 보편적인 사실은 어린이가 언어 습득을 통해서 그 언어 공동체의 일원이 된다는 것이다. 그러므로 셋째로, 어린이가 말을 배우는 것은 그 어린이 개인만의 문제가 아니다. 물론 어린이는 언어 습득을 통해서 그의 정신 세계를 발전시키지만, 언어 습득은 어린이를 언어 공동체에 편입시킨다는 더 큰 의의를 가진다. 따라서 언어 습득의 문제는 어린이의 개인적인 문제일 뿐만 아니라 사실은 언어 공동체의 문제이다.

어린이가 말을 배우는 것은 단순히 이미 사회적으로 이룩되어 있는 언어 체계를 받아들여 익히는 것이 아니고, 어린이의 의식이 말을 배움으로써 언어 공동체의 얼과 만난다는 것이 더욱 중요하다. 왜냐하면 모든 언어 속에는 이미 특수하게 이룩된 정신 세계가 살아 있기 때문에, 그러한 언어를 습득하는 것은 바로 그 정신 세계가 개인의 의식 구조를 형성함을 의미하기 때문이다. 바이스게르버(Weisgerber)는 이것을 다음과 같이 표현한다. "언어 습득은 그 언어 속에 실현되어 있는 언어 공동체의 세계상(weltbild)에 알맞게 자신의 의식을 주조하는 것이다."[2] 모든 언어는 그 속에 이미 실현된 세계상을 간직하고 있다는 주장에 대해서는 뒤에 다시 자세히 논할 것이다. 그런데 언어 습득이 그 어린이의 의식 구조를 그 언어 공동체의 세계상에 따라서 주조하는 것을 의미한다는 것은 참으로 큰 의의를 가졌다. 언어학뿐만 아니라 교육학과 인간학도 지금까지 깨닫지 못했던 이 새로운 사실 앞에 당황하지 않을 수 없다.

언어 습득은 어린이에게 하나의 정신적인 세계에 대한 문을

---

2) J. L. Weisgerber, *Das Gesetz der Sprache*, Heidelberg, 1951, S. 133.

열어 준다. 모든 언어 속에는 현상들을 바라보는 각도와 그것들을 사상적으로 파악하는 방향과 그것들을 정신적으로 지배하는 방법이 이미 주어져 있다. 이 사실은 어린이들이 언어의 도움 없이 어떻게 그렇게 다양한 현상들과 감각적인 자극들을 파악하고 정리하고 판단하고 이해할 수 있겠는가를 상상해 보면 수긍할 수 있을 것이다. 언어 습득을 통해서 인간은 자기 삶의 세계 안에서 스스로의 올바른 위치를 찾고, 인류가 역사적으로 창조한 정신적 세계에 참여할 수 있게 된다. 그런데 놀라운 것은 이러한 사실이, 인간이 그것을 깨닫지 못할 정도로 자연스럽고 무의식적으로 이루어진다는 것이다.

말을 배운다는 것이 우리의 사람됨과 언어 공동체를 위해서 그렇게 큰 의의를 가졌다면, 인간이 말을 알고 있다는 사실, 곧 언어 소유(Sprachbesitz)가 당연히 개인의 삶과 역사를 위해서 더 큰 의의를 가졌다는 것은 두말할 것도 없다. 그런데 두 사람의 언어 습득 과정이 꼭 같을 수는 없으며, 또한 어떤 사람에게 있어서도 언어 습득이 완전한 것으로 종결될 수는 없는 것처럼 인간의 언어 소유도 일정한 고정적인 형식의 것일 수는 없다. 어떤 사람에게 있어서는 언어 소유가 풍부하고 다른 사람에게 있어서는 가난하고, 또한 어떤 사람에게 있어서는 생동적이고 다른 사람에게 있어서는 퇴영적이다. 그러나 이러한 모든 차이에도 불구하고 하나의 보편적인 진리는 언어 소유를 통해서 말의 힘이 인간의 삶을 위한 참다운 현실적인 능력이 된다는 것이다. 그러므로 인간이 갖고 있는 언어에 따라서 그의 삶의 정신적이고 문화적인 위치가 결정된다. 딜타이(Dilthey)는 인간을 역사적인 존재라고 했는데, 이것은 시간적으로 공간적으로 개인의 삶을 넘어서는 역사적이고 사회적인 언어가 인간의 삶과 이해를 통해서 그의 존재를 형성할 수 있는 가능성에 비추어 보면 더 잘 이해될 수 있다. 이것은 인간이 말 속에 살아 있는 그 언어 공동체의 얼에 참여함으로써 이루어진다. 인간이 말을 갖는다는 것, 곧 언어 소유는 그 속에 살아 있는 얼에 동참하는 것이며 이 동참을 통해서 그의 역사적인 존재가 형성된다.

인간은 그가 갖고 있는 말 속에 살아 있는 얼에 동참함으로써 자연적인 존재에서 역사적인 존재로 전환한다. 말을 갖지 아니한 인간을 상상할 수 있다면 그는 아직 자연적인 존재, 곧 동물 그대로이다.

어린이가 말을 배울 때 그는 스스로 전연 의식함이 없이 그의 전체 정신 생활을 계속적으로 결정하는 말의 힘에 의해서 지배된다. 이러한 말의 힘은 기계적으로 풀이될 수 없으며 그 작용 과정 역시 논리적으로 설명되지 않는다. 그리고 그것은 관찰되지 않을 만큼 포괄적이다. 이 문제는 앞으로 더 자세히 논술될 것이지만, 인간의 사유와 이를 통한 인간의 삶과 그리고 인간의 사람됨이 말의 힘의 지배적인 영향 아래 있으면서도 우리는 그것을 인식하지 못한다. 우리 모두는 말을 통해서 형성된 상태 속에서 살고 있지만 아무도 그것을 깨닫지 못한다. 왜냐하면 우리는 우리의 상태를 언어를 갖지 아니한 상태와 비교해 볼 수 없기 때문이다. 그것은 마치 물 속에 사는 고기가 그의 삶을 위해서 물이 얼마나 지배적인 영향력을 가졌는가를 알 수 없는 것과 마찬가지다.

하나의 언어 공동체에 속하는 모든 사람들의 언어 소유, 곧 언어에 대한 지식은 그 범위와 내용에 있어서 결코 같을 수 없다. 그리고 그 사람의 연령과 생활 환경에 따라서 차이가 있을 것도 당연하다. 그러나 이러한 차이보다도 더 주목할 만한 것은 모든 사람들이 언어를 내적으로 소화하는 데에 큰 정도의 차이가 있다는 것이다. 이러한 정도의 차이를 바이스게르버는 다음과 같이 세 가지로 구별한다.[3]

첫째로, 객관적인 언어 구조를 그대로 받아들이기만 하는 언어 소유의 형식이 있다. 이것은 일반적인 언어 소유의 형식이며 또한 모든 사람들이 적어도 일정한 시기에 있어서는 이러한 형식에 속한다. 이것은 언어를 객관적으로 주어져 있는 그대로 받아들여서 언어와 그것이 가리키는 사물을 전연 구별하지 않는 언어 소유의 형식이다. 여기서 언어를 소유하는 주체로서의 인간은 다만 수동적인 역할밖에 할 것이 없다. 물론 언어는 개인적인 창조물이 아니고 초개인적인, 곧 사회적인 도구이며 그 자신의 역사를 갖고 있는 객관적인 구조이다. 그리고 이러한 객관

---

3) 같은 책, S. 140.

적인 구조로서의 언어는 개인의 생각과 이해와 삶을 이끌고 형성하고 결정하는 힘을 가졌다. 그러나 언어는 개인에 대해서 동시에 "자유이며 또한 숙명"이다. 언어가 개인의 생각과 이해와 삶을 결정한다는 뜻에서 숙명이지만 또한 언어는 개인의 자유를 위해서 열려 있다. 인간은 언어를 객관적인 구조로 받아들이기만 할 것이 아니라 그것을 내 것으로 소유해야 한다.

둘째로는, 개인이 자율적으로 언어를 비판해서 그것을 나의 소유로 만드는 언어 소유의 형식이다. 이러한 언어 소유의 형식에서는 사회적인 공동체와 개인적인 주체의 힘이 함께 연합된다. 왜냐하면 여기서는 객관적으로 주어져 있는 언어가 개인의 정신과 그의 삶의 경험의 힘에 의해서 소화되기 때문이다. 따라서 언어를 객관적인 구조로서 받아들이기만 하는 형식이 극복된다. 그리고 언어와 그것이 표현하는 사물과의 맹목적인 혼동이나 또한 언어를 객관적인 사물을 표시하는 수단으로만 생각하는 언어실증주의를 여기서 반성하게 된다. 그리하여 언어가 객관적인 사물과 주관적인 표상 사이에 하나의 중간 세계를 이루고 있다는 것을 깨닫게 된다. 이 중간 세계(Zwischenwelt)의 위치와 기능에 대해서는 뒤에 다시 자세히 논할 것이다. 언어가 나의 것으로 소화되는 이러한 언어 소유의 형식이 언어 교육의 목표이며, 이 목표는 언어를 책임 있게 배우는 모든 사람에게 있어서 실현될 수 있다. 다시 말하면 언어의 객관적인 구조를 충실하게 익히면서 주체적으로 그 속에 담겨 있는 세계상과 대결하는 것이다. 역사를 가진 모든 민족의 언어들이 각각 그 속에 지니고 있는 개성적인 세계상과 대결하면서 그것을 내 것으로 만드는 언어 소유의 형식이 여기에 해당된다. 대부분 사람들의 언어 소유는 이러한 단계에 머문다.

　세째로는, 인간이 언어를 창조적으로 발전시키는 언어 소유의 형식이다. 물론 인류가 수천 년 동안의 정신적인 작업의 결정으로 이룩한 것을 개인이 그의 경험을 통해서 창조할 수 없다는 것은 분명하다. 그러나 인간이 언어를 소유함에 있어서 스스로의 창조적인 작업이 가능한 경우들이 많다. 이는 객관적으로 존립하는 언어 체계의 구속을 받지 않는다는 것이 아니고 그것을 창조적으로 발전시킨다는 것이며, 인간에게 주어져 있는 언어를 창조하는 힘에 대한 새로운 각성에 의한 것이다. 그러나 이러한 창조적인 작업이 이미 그 언어 속에 주어져 있는 가능성을 개발하든지, 그 언어 구조의 특수한 부분을 다듬고 고치든지, 혹은 그 언어 속에 담겨 있는 세계상의 특징을 밝히든지, 이것을 완전히 개인적인 능력에 의한 개인적인 업적으로만 생각해서는 안 된다. 언어의 영역에 있어서 모든 창조적인 작업은 그 언어의 전통적인 법칙의 완전한 실현과 연결되어 있다. 그러므로 하나의 언어에 대해서 영속적이고 참다운 발전적인 보탬을 더하려는 사람은 먼저 주어져 있는 언어의 구조와 그 언어의 모든 가능성들을 살피고, 이를 통해서 그 언어 속에 담겨 있는 세계상에 새로운 하나의 특징을 보탤 수 있는 권리와 능력을 얻어야 한다.

우리는 지금까지 우리의 언어 생활에서 나타나는 심리 현상을 언어 습득(Spracherwerb)과 언어 소유(Sprachbesitz)로 나누어서 살펴보았는데, 이제 마지막으로 언어 사용(Sprachverwendung)의 현상을 알아 보려고 한다. 언어 사용이라고 하면 흔히 '소리'를 내는 것 혹은 '글'을 쓰는 현상을 생각하기 쉽다. 그러나 엄격하게 관찰하면 언어 사용은 이미 외부 현상들을 지각하는 데서부터 시작한다. 그리고 스스로의 경험들을 판단하는 데에, 스스로의 행동 결정을 뒷받침하는 데에, 또한 언어를 통한 표현을 아직 의도하지 않은 단순한 사유에 있어서도 언어는 이미 사용되고 있다. 여기에 이어서 외부적으로 나타나는 언어 사용의 형식들로서 말소리를 내고 글을 쓰는 것이 있다.

인간의 정신적인 활동의 가장 단순한 형식들, 곧 사물들의 지각과 현상들의 파악에서 이미 언어 사용이 시작된다는 것은 의심할 여지가 없다. 형태심리학에 의하면 인간의 어떤 사물에 대한 감성적인 지각은 그 사물 전체에 대한 그의 이해에 의해 지배된다. 따라서 인간의 감성적인 지각이 이미 언어적인 이해에 의해서 지배되고 분명히 의식된다는 것을 알 수 있다. 이런 뜻에서 괴테(Goethe)가 사람은 그가 아는 것밖에는 들을 수가 없다고 말한 것은 깊은 의미를 지닌다. 언어가 이룩하는 이른바 중간 세계를 통해서 인간의 정신은 외부 세계의 사물을 그의 의식의 대상으로 만든다. 따라서 사물의 세계(Sachwelt)와 인간의 의식(Einzelbewuβtsein) 사이에는 언어 습득과 더불어 물려 받은, 그리고 언어 소유에 있어서 작용하는 이른바 언어의 중간 세계가 존재하고 있다. 이 중간 세계의 도움으로 비로소 객관적인 사물이 주관적인 의식의 대상이 된다. 생물학이 알려 주는 바와 같이, 인간이 외부로부터 밀어닥치는 그 무수한 자극들 중에 지각할 만한 가치가 있는 자극만을 지각하는 것이 사실이라면, 그 지각할 만한 가치가 있는 것에 대한 선택은 특히 언어적인 수단을 통해서 이루어진다. 언어를 통해서 인간의 주의력이 일정한 방향으로 쏟아지게 되고, 언어를 통해서 명확한 인식이 이루어지고, 언어를 통해서 의식적인 기억이 보존된다. 이른바 언어의 중간 세계는 현상들에 대한 안내자로서, 혹은 무수한 자극들을 가려 내는 필터로서 작용할 뿐만 아니라 외부 세계의 사물을 의식의 대상으로 형성한다. 그러므로 서로 언어가 다른 사람들은 외부 세계의 사물을 지각하고 인식하는 각도도 달리한다.

이와 같이 외부적인 사물의 지각에 이미 작용하기 시작한 말의 힘은 이제 더욱 내면적인 경험에 대한 판단과 태도 결정을 근거지우는 데 함께 작용한다.

인간의 내면적인 복잡한 정서는 그것을 담을 말의 종류에 따라서 특수하게 드러나고 의식되고 판단된다. 그리고 인간의 일상 생활에 나타나는 행동 방식은 그의 언어 사용 형식과 밀접하게 연결되어 있다. 물론 우리가 보통 합리적인 이성이나 건전한 상식에 의해서 지배된다고 믿고 있는 판단이나 행동 방식이 사실은 얼마나 언어 사용의 형식에 의해서 제약되고 있는가를 밝혀내기는 어려운 일이다. 그러나 우리가 언어 습득의 장애가 있는 불구의 어린이와 충분한 언어 습득의 기회를 가진 어린 아이의 판단과 행동 방식이나 태도 결정을 비교해 본다든지, 혹은 서로 언어가 다른 외국 사람들의 판단과 행동 방식이나 태도 결정을 비교해 보면 말의 힘이 얼마나 큰 작용을 하는가를 알 수 있게 될 것이다.

세 살 때 실명한 맹아학교 5학년의 여학생은 아버지와 어머니의 다툼에 대해서 다음과 같이 말한다.

"정말 아버지와 어머니께서는 왜 싸우시는 것일까? 살기가 어려워서, 의견이 맞지 않아서, 그렇지 않으면 무엇 때문일까? 나는 아무리 생각해도 모르겠다. 앞으로는 어머니와 아버지가 정말 싸우시지 않으면 좋겠다고 생각한다."

그런데 같은 맹아학교에 있는 선천적으로 실명된 여학생은 선생님에게 '조정' '화해' '평화'라는 세 가지 낱말의 설명을 듣고 아버지와 어머니의 다툼에 대해서 다음과 같이 쓰고 있다.

"그럴 때는 어린 동생이 '엄마! 아빠! 싸우지 마' 하면서 웃고 재롱을 부린다. 어머니는 그것이 귀여워서 웃으신다. 아버지도 마찬가지. 그래서 아버지와 어머니는 화해를 하신다. 가정이 다시 평화스러워진다. 그러고 보면 말다툼을 하시는 원인도 대개는 우리들에게 있고 화해를 하시게 하는 것도 우리들이다. 가정의 분위기를 우리들이 마음대로 조정할 수 있다."〈서울 맹아학교 1967년 12월 2일 조사〉

세 가지 낱말들을 통해서 이 어린이는 가정 싸움을, 앞에 말한 어린이와는 전연 다른 각도에서 관찰하고 더 적극적인 태도를 나타내고 있다. 국민학교 4학년의 한 정상적인 어린 아이는 동생에게서 어머니와 아버지가 말다툼을 하셨다는 이야기를 듣고 "엄마가 말다툼할 때 내가 있었더라면 엄마 편을 들겠다."고 하였었다. 그러나 선생님으로부터 앞에 말한 세 가지 낱말들을 배우고 다시 글을 지어 보자는 요구에, "나는 엄마 아빠가 다시 화해하고 평화스러운 우리 집이 될 수 있고 사소한 일 가지고 싸우지 않는 집을 이루고 싶다."라고 전연 다른 태도를 보여 주고 있다.〈이화 부속국민학교 4학년 1반 이은옥, 1967년 12월 2일 조사〉 이와 같은 사례들은 언어 사용이 내면적인 경험에 대한 판단과 태도 결정에 어떻게 영향을 미치는지를 잘 드러낸다.

또 다른 보기를 들어 '그리움'이라는 말을 모르는 어린 아이가 그리움의 내면적인 경험을 의식할 수 있을까 하는 문제를 생각해 보자. 어린 아이가 어머니의 직접적인 사랑의 보호를 필요로 하고 그것이 없을 때 여러 가지 태도의 반응을 일으킬 것은 사실이지만, 이 경우 그것이 우리가 말하는 그리움으로 의식되지는 않는다. 그리움이라는 내면적인 경험은 역시 그리움이라는 말을 통해서만 그리움의 형식으로 가다듬어진다. 동양 사람들은 부모에게 대한 올바른 태도를 효(孝)라고 한다. 이것은 단순한 친절함(kindness)이나 사랑(love)과는 다르다. 따라서 효는 우리의 부모에 대한 태도를 전연 다르게 근거지운다.

언어 사용의 형식은 외부적인 사물의 지각과 내면적인 경험의 판단과 태도 결정을 근거지우는 데 있어서 작용할 뿐만 아니라 순수한 사유(思惟)에도 함께 작용한다. 왜냐하면 인간의 순수한 사유는 그것이 아직 말소리나 글을 통해서 표현되지 않는다 할지라도 슐라이어마허(Schleiermacher)가 말한 바와 같이 '내적인 대화'이기 때문이다. 이 내적인 대화를 통해서 사유의 진전이 이루어진다면 인간의 사유 역시 언어의 제약을 받는다. 순수 사유의 영역은 인간의 가장 개인적이고 인격적인 영역이다. 그러나 여기에도 역시 역사적이고 사회적인 말의 힘이 함께 작용한다. 사실 일반적인 관찰과 언어심리학적인 관찰은 함께 순수 사유에 있어서 언어 사용의 영향이 불가피한 것으로 인정한다. 심리학의 실험에 의하면, 피시험자가 그의 사유에 대한 자기 관찰에 있어서 언제나 그의 사유 과정에 분명한 영향을 주는 낱말들과 그리고 음성의 표상들에 부딪히게 되고, 또한 그의 사유 과정에 크게 영향을 주는 문장 구조의 움직임을 알아낼 수도 있다. 기존의 입장은 순수 사유가 앞서고 언어 표현이 뒤따른다고 전제하고, 순수 사유 속에서 심리학적으로 관찰된 언어 단편들(Sprachrudimente)은 선행하는 언어 표현의 의도 때문에 나타나는 부수현상이라고 해석해 왔다. 그런데 이러한 해석은 미숙한 것이다. 사실은 사유 과정과 언어 소유와의 관계라는 문제를 통해서 그것이 해석되어야 한다. 물론 마음에 번개같이 떠오르는 사유의 섬광이 완전히 개인적인 기능에 속한다고 해도, 역시 언어적인 전제를 통해서만 가능하며, 그 사상이 분명히 의식화되기까지의 발전은 개인적인 기능뿐만 아니라 사회적인 공동 수단으로서의 언어가 함께 작용해서 성립되는 것이다. 여기에서 '함께'라는 것은 인간의 사유 과정은 개인의 주체적인 작업임과 동시에 역사적이고 사회적인 수단으로서의 언어 자체의 작업이라는 뜻이다. 언어는 인간의 사유나 가능성을 열어 주기도 하고 또한 제약하기도 한다. 그리고 언어의 문장 구조는 인간의 사유 과정의 길이다. 말의 힘은 사람의 생각을 함께 이끌어 간다.

7. 말과 생각

　지금까지는 통속적으로 언어와 사유가 따로따로 관찰되어 왔다. 먼저 생각하고, 그 생각이 일정한 형태를 이룩했을 때 그것을 표현할 수 있는 말이 필요하게 된다는 것이다. 인간은 자율적인 이성에 의해서 보편적으로 사유하는데 반해, 이것을 표현하려는 언어는 그 종류에 따라서 제약성을 면하지 못하며, 저마다 어휘와 문법 구조에 있어서 특이성을 가졌고, 다의적이고 불확정적이서 정확하지 못하기 때문에, 언어 비판이나 이미 말한 바 언어 적 대관계가 당연히 나타나게 되었다. 다시 말하면 보편적인 사유를 표현하려는 언어의 개성적인 제약만이 늘 문제가 되어왔다.

　그러나 이제 인간의 이성이 감정이나 의지나 심층 의식과 그의 삶의 역사와 관계없이, 혹은 그런 것에 지배됨이 없이 독자적으로 사유한다는 것은 사실이 아니라는 것이 밝혀졌다. 그리고 보편적인 사유에 있어서도 그 '보편성'의 한계가 문제된다. 필연성이라는 개념이 다만 개연성의 한계 개념으로서만 의의를 갖듯, 보편성도 특수성의 한계 개념으로서만 성립된다. 인간의 사유는 여러 가지 사회·역사적인 조건들의 제약을 벗어날 수 없는 삶에 뿌리박고 있는 삶의 하나의 표현이다. 그러므로 인간의 사유는 여러 가지 삶의 조건들의 제약을 벗어날 수 없다. 그런데 인간의 사유에 영향을 주는 삶의 조건들 중에 가장 중요한 것이 언어이다. 언어는 사실 이미 논한 바와 같이 사유를 뒤따라서 표현하는 것이 아니고 사유 과정 자체에 이미 함께 작용한다.

함만(Hamman)은 그래서 언어를 이성의 기관(Organ)이라고 했다. 이성이라는 것은 언어라는 기관을 통해서만 그의 작업을 할 수 있다. 볼노오(Bollnow)는 언어를 사유의 통로라고 했다. 인간의 사유는 언어라는 통로를 거쳐서만 전개될 수 있다. 우리가 생각을 전개시킨다는 것은 우리가 알고 있는 낱말들을 문법적인 법칙에 따라서 연결시키는 작업을 말한다. 이런 의미에서 우리말이 우리를 위해서 생각한다는 명제가 성립된다. 야스퍼스(Karl Jaspers)도 "우리는 언어와 더불어 비로소 사유할 수 있다."[1]고 해서 언어와 사유의 불가분의 관계를 주장하고

---

1) K. Jaspers, *Die Sprache*, München, 1964, S. 37.

있다. 아리스토텔레스는 인간을 이성적인 동물(Zoon Logon Echon)이라고 했는데, 이 로고스(Logos)는 서양 철학의 기본 개념이다. 그런데 이 로고스라는 개념은 사유라는 뜻과 함께 언어라는 뜻을 가졌다. 희랍 사람들도 언어와 사유가 분리될 수 없는 관계를 가진 것으로 생각한 것이 분명하다.

깊이 살펴보면 생각한다는 것은 이야기한다는 것을 뜻한다. 두 사람이 서로 보충하고 도우면서 생각을 전개시킬 때는 나와 너와의 이야기이고, 혼자서 물음을 제시하고 이에 대해서 대답을 시도하고 다시 이 대답을 문제삼으면서 생각을 전개할 때는 나와 나와의 이야기이다. 슐라이어마허(Schleiermacher)의 표현을 빌리면 사유는 '내적인 대화'이다. 그런데 이야기는 말과 분리되어 이루어지지 않는다. 그러므로 생각하는 것도 말과 분리되어서 전개되는 것이 아니다. 사람의 생각은 마음의 이야기이다. 그러므로 우리가 생각을 풀이해 나간다는 것은 그가 알고 있는 말과 말을 우리 말본을 따라서 이어간다는 것을 뜻한다. 사유는 마치 언어가 마련하는 수로를 따라 흘러가는 물과 같다.[2]

물론 우리는 도형과 숫자와 기호를 조작해서 삼단논법을 전개함으로써 언어를 끌어들임이 없이 필연적인 논리를 알아낼 수 있다. 그러나 자세히 살펴보면 이러한 경우에 있어서도 역시 처

---

2) 볼노오(Bollnow)는 그래서 언어가 사유를 유도한다(kanalisieren)고 표현했다.

음에 도형이나 숫자나 기호를 설정할 때 그리고 논리 전개 사이
사이에 언어를 끌어들이지 않으면 안 된다. 그러므로 아무리 엄
밀한 과학에 있어서도 처음부터 끝까지 언어를 끌어들임이 없이
도형과 숫자와 기호만으로 사유를 전개시킬 수는 없다. 야스퍼
스는 언어에 의존하지 않는 언어 이전의 사유를 사유의 싹
(Keim)이라고 표현했다. 이 사유의 싹은 창조적인 인식에 있어
서 결정적으로 중요한 것임에는 틀림없다. 그러나 그것이 명확
하게 이해되기 위해서는 역시 언어를 통해야 한다. 그러한 사유
의 싹은 언어 없이는 자라날 수 없다.

　말보다 생각이 앞서는 것도 아니고 생각보다 말이 앞서는 것
도 아니다. 다만 생각의 싹이 말의 출발점이 되는 것뿐이다. 그
것은 마치 말보다 앞선 깊은 느낌이나 새로운 빛밝힘과 같다.
그러나 그것은 말을 통해서만 뚜렷한 생각으로 이루어진다. 그
러므로 생각과 말은 하나로 이루어진다. 생각의 전개는 말과 더
불어, 말의 전개는 생각과 더불어 이루어진다. 그 한계점은 말
의 출발점으로서의 생각의 싹인데, 이 싹은 말을 초월해서 나타
나는 것 같으나 말을 통해서만 명확히 드러난다. 우리가 아직
말을 찾고 있을 동안 우리의 생각의 싹은 그것이 아무리 깊어도
불분명한 느낌에 지나지 않으며, 그것이 아무리 새로워도 붙들
수 없는 빛밝힘에 지나지 않는다. 그러므로 생각의 참다운 싹은
그것이 분명하게 드러나기 위해서 필연적으로 말을 요구한다.

　칸트가 그의 인식론에서 주장한 범주(Kategorie)의 역할과 우

리가 여기에서 주장하는 생각을 이룩하는 데 있어서의 말의 역할을 비교해 보자. 칸트에 의하면 인간의 앎은 그의 감성의 기능과 이성의 기능에 의해서 이룩되는 것이다. 다시 말하면 감성에 의한 감각들과 오성의 카테고리들에 의해서 이룩된다는 것이다. 감각들은 감성의 형식들, 곧 시간과 공간을 통해서 받아들여지고 이렇게 해서 받아들여진 단편적인 감각들은 오성이 선험적으로 가지고 있는 형식들, 곧 열두 개의 카테고리들에 의해서 연결되며 하나의 앎을 이룩한다. 이 카테고리들은 순수한 선험적인 개념들이다. 이 순수 개념들을 통해서 무질서하고 단편적인 많은 감각들이 서로 연결되고 정리되어서 명확한 앎을 이룩한다.

칸트가 말하는 선험적인 순수 개념들로서의 열두 가지 카테고리들은 다음과 같다. 단일(Einheit), 다수(Vielheit), 전체(Allheit), 긍정(Realität), 부정(Negation), 제한(Limitation), 실체(Substanz), 인과(Kausalität), 공동(Gemeinschaft), 가능(Möglichkeit), 현존(Dasein), 필연(Notwendigkeit). 이러한 열두 가지 카테고리들은, 칸트에 의하면 인간의 이성이 그의 경험 이전에 간직하고 있는 순수한 개념들이다. 따라서 이러한 카테고리들은 경험에 의해서 영향을 받을 수 없는 불변의 것으로서, 이 카테고리들을 통해서만 인간의 이성은 보편적인 사유를 전개시킨다. 다시 말하면 카테고리들, 곧 선험적인 순수 개념들이 인간 인식에 대해 구성적인 역할을 한다는 것이다. 그래서 칸트는 감성적인 감각과 선험적인 순수 개념의 공동 작업을 불가결의 것으로 주장하면서, "개념이 없는 감각은 맹목적이고 감각이 없는 개념은 공허하다."고 했다.

　그런데 사실 이미 말한 바와 같이 사유의 구성적인 역할을 하는 것은 언어이다. 그리고 인식은 사유의 과제이다. 언어는, 칸트의 카테고리처럼 자율적인 이성이 선험적으로 간직하고 있는 순수 개념이 아니고, 역사적으로 그리고 사회적으로 이룩된 구념(構念)이다. 물론 순수 개념으로서의 카테고리가 인간의 사유를 구성한다는 것과 역사적이고 사회적으로 구념으로서의 언어가 인간의 사유를 구성한다고 하는 경우 그 '구성'의 성격이 다른 것은 사실이다. 카테고리는 인간의 사유를 논의적으로 구성하고, 언어는 인간의 사유를 심리적으로 구성한다고 야스퍼스는 말하고 있다.[3] 그리고 칸트에 의하면 모든 존재는 카테고리를 통해서 나타나지만, 이 경우 모든 존재는 언어를 통해서 분명히 의식된다. 또한 칸트에 의하면 카테고리는 인간의 순수 사유 속에서 발견되지만, 언어는 역사적으로 전승되고 사회적으로 배태되고 자라나는 객관적인 존재이다.

　그러므로 칸트가 주장하는 순수 개념으로서의 카테고리의 기능과, 우리가 여기에서 내세우는 언어의 기능은 서로 다른 성격의 것임에 틀림없다. 그러나 물론 자율적인 이성의 선험적인 순수 개념의 문제, 곧 이성의 자율성의 문제와 개념의 선험성의

---

3) K. Jaspers, *Die Sprache*, München, 1964, S. 47.

문제는 별도로 비판되어야 한다. 따라서 우리는 인간 사유에 있어서 언어의 창조적인 기능을 더욱 중요시하는 것이다. 칸트가 그의 순수이성비판에서 이성의 기관으로서의 언어를 고려하지 않은 것은 그가 자율적인 이성에 의한 보편적인 사유를 절대화했기 때문이며, 결국 그의 위대한 철학도 시대적인 제약을 면하지 못한다는 것을 나타내는 것이다.

언어는 인간의 이성에 대해서뿐만 아니라 인간의 감성에도 이미 영향을 미친다. 현대의 형태심리학에 의하면 인간의 감성적인 지각은 그 사물에 대한 전체적인 이해에 의해서 지배된다고 한다. 이것은 지금까지의 연합심리학이 인간의 심리 현상을 기초 단위로서의 원자적인 요소들의 연합으로 관찰하는 것과는 아주 다른 태도이다. 에렌펠스(Christian von Ehrenfels)는 이미 인간의 심리 현상에는 부분들의 성질들로 말미암아 이룩된 것이 아닌 전체적인 '형태질'이 있다는 것을 발견하고, 처음으로 '형태질'이라는 개념을 심리학에 도입했었다.[4]

이것이 현대의 자연 설명을 위한 형태론과 심리 현상의 이해를 위한 형태심리학의 시초가 되었다. 전체적인 형태는 늘 부분들의 집합 이상의 것으로서 모든 부분들의 성질로 환원될 수 없는 고유한 전체적인 성질을 갖고 있으며, 반대로 부분들은 언제나

---

4) A. Welle, *Ganzheitpsychologie und Strukturtheorie*, Bern, 1955, S. 49.

전체적인 형태에 의존해서 파악되고 이해된다는 것이다. 따라서 부분들에 대한 인간의 감성적인 지각도 그 전체 형태에 대한 이해에 의존한다는 것이다. 그런데 어떤 사물의 전체 형태에 대한 이해는 언어적인 파악에 의해서 결정된다. 다시 말하면 그 사물을 파악하는 언어는 그 사물에 대한 이해를 규정하고 이러한 이해는 다시 그 사물에 대한 감각에 영향을 준다는 것이다. 볼노오는 이를 위해서 무지개의 색깔을 보기로 들고 있다. 무지개의 빛깔이 왜 일곱가지로 보일까? 일곱이라는 수 개념이 완전수이기 때문에 무지개의 색깔은 우리의 눈에 일곱 가지로 보인다. 무지개의 색깔 자체는 여러 색깔들의 변위 과정을 확실한 단절적인 경계선 없이 드러내고 있기 때문에 우리는 그것을 임의로 나눌 수 있으며, 따라서 그 구별은 객관적인 사실에만 근거한 것은 아니다. 다시 말하면 무지개의 색깔이 일곱 가지로 보이는 것은 일곱이라는 말의 힘이 우리의 감각에 영향을 미친 때문이다.

언어는 이와 같이 이성의 기관으로서 인간의 사유를 이끌어갈 뿐만 아니라 인간의 감성적인 지각에도 작용한다. 그러므로 인간이 가지는 이해의 세계는 사실에 있어서 언어를 통해서 구성되는 것이다. 훔볼트는 인간이 객관적인 세계를 직접 인식하는 것이 아니고 언어의 통로를 통해서 인식한다고 말했다. 인간은 언어가 그에게 드러내 보여 주는 대로 세계를 이해한다. 언어는 객관적인 세계를 재창조해서 인간의 정신적인 이해의 세계를 이룩한다. 다시 훔볼트(Humboldt)의 표현을 빌리면, 언어가 세계를 정신적인 재산이 되도록 재창조(Umschaffen)하는 것이다. 바이스게르버(Weisgerber)는 이러한 재창조를 설명하기 위해서 〈자연 현상의 언어적인 가공〉을 말하고 있다.[5] 언어는 단순히 객관적 자연 현상을 사진 찍듯 묘사하는 것이 아니고, 언어 그 자체가 이미 그것을 표현하는 자연 현상에 대한 하나의 해석이며 또한 하나의 가공이다. 바이스게르버는 '잡초'라는 말을 보기로 들고 있다. 잡초라는 것은 일정한 식물학적인 특징을 가진 하나의 특수한 풀은 아니며 객관적인 자연의 세계 속에 잡초는 없다. 그것은 아주 뚜렷한 인간적인 해석이며 또한 언어적인 가공이다. 이러한 해석과 가공을 통해서 인간을 주체로 한 삶의 세계와 정신적인 세계가 창조된다.

언어는 단순히 현실을 묘사하기만 하는 것이 아니고 현실을 창조한다. 자연 현상의 세계에서는 그것을 해석하고 가공하고 정리해서 체계를 이룩하게 하고, 정신 현상의 세계에 있어서는 그것을 형성하고 규제하면서 일정한 형태를 통해서 의식화한다. 말은 이와 같이 사람의 생각과 느낌과 글의 이해를 이끌어가며 삶의 세계를 이룩하는 큰 힘이라고 할 수 있다. 말이 있기 전에 우리의 생각은 어둠의 혼돈이다. 말과 더불어 우리의 생각에는 빛이 나타나고 질서가 이룩된다.

---

5) J. L. Weisgerber, *Das Gesetz der Sprache*, Heidelberg, 1951, S. 26.

8. 말과 얼

　말은 사람의 눈으로 보고 귀로 듣는 감성적인 기능에 영향을
줄 뿐만 아니라, 정서적인 느낌과 이성적인 생각을 이끌어가는
힘을 가졌다고 했다. 따라서 언어의 이와 같은 창조적인 힘은
우리가 외적인 혹은 내적인 현실을 이해하는 데 크게 작용한다.
언어는 늘 우리가 현실을 보고 이해하는 각도를 결정한다. 하나
의 종류의 언어, 곧 보기를 들면 영어나 독일말이나 일본말이나
우리말은 각각 특이한 의미 관련의 구조와 특이한 뉘앙스를 갖
고 있다. 그러므로 이러한 언어는 그의 특이한 의미 관련의 구
조와 특이한 뉘앙스로 말미암아 특이한 빛을 현실에 던져서 그
현실을 특이하게 밝힌다. 다시 말하면 하나의 종류의 언어 아래

서 현실은 늘 특이하게 나타난다. 그뿐만 아니라 하나의 종류의 언어 안에서도 특이한 낱말들과 그 낱말들의 특이한 연결은 언제나 현실을 특이하게 드러나게 한다. 보기를 들면 이미 말한 바와 같이 '잡초'와 같은 말은 일정한 풀들을 특이한 입장에서 보게 하고 그 풀들을 특이하게 밝힌다.

이러한 의미에서 훔볼트(Humboldt)는 "우리는 언어가 우리에게 보여 주는 대로 현실을 인식한다."[1]고 말했다. 인간은 언어를 엮어 내는 바로 그 과정을 통해서 언어에 의해서 구속된다. 사실에 있어서 현실은 무한한 복합 현상이기 때문에 언어를 통해서 비로소 그 일정한 구조가 특이하게 드러나게 된다. 헤르더(Herder)는 인간은 언어를 통해서만 이성을 가진다고 주장한다. 왜냐하면 "말만이 감각적인 인상의 큰 바다 속에서 하나의 파도를 구별해서 보존할 수 있기 때문"[2]이다. 인간이 외부 세계와 내면 세계에서 받아들이는 감각적인 인상들은 사실 바다 물결의 넘실거림처럼 매우 크고 많으며 끝없이 연속적이기 때문에 그것들을 뚜렷이 붙들어서 인식하기는 어려울 것이다. 언어 속에 간직되어 있는 형식들과 카테고리들을 통해서 비로

---

1) W. v. Humboldt, *Gesammelte Schriften*, Akademieausgabe, 7. Bd., S. 60.
2) J. G. Herder, *Über den Ursprung der Sprache. Sämtliche Werke*, v. B. Suphan 5. Bd., S. 34.

소 그 끝없는 물결의 넘실거림 속에서 하나하나의 파도를 구별해서 붙들 수 있는 것이다.

모든 언어는 늘 일정한 문화적인 전통 속에서 자라난다. 그러므로 모든 언어 속에는 그 일정한 문화적인 전통과 더불어 이룩된 일정한 형식들과 카테고리들이 담겨 있어서, 그 언어와 더불어 생활하는 사람들로 하여금 늘 그 형식들과 카테고리들을 통해서 외부적인 또는 내부적인 현실을 파악하게 한다. 우리가 하나의 종류의 언어만을 사용하고 있는 동안에는 이러한 사실을 깨닫지 못하지만, 전연 다른 종류의 언어를 사용해 보면 비교가 되기 때문에 이런 사실을 분명하게 깨달을 수 있게 된다. 그래서 훔볼트는 모든 언어는 그 낱말들의 특수성과 문법 구조의 특수성을 통해서 제약된 현실에 대한 특수한 해석이라고 주장했다. 모든 언어는 그것이 그 속에서 자라난 문화적인 전통 속에서 이룩된 일정한 세계상(Weltansicht), 혹은 세계관(Weltanschauung)을 표현한다. 다시 말하면 모든 언어에는 한 겨레의 문화적인 전통 속에서 자라난 '얼'이 담겨 있다는 것이다. 언어는 늘 하나의 공동체와 더불어 자라나는데, 그 언어 속에는 그 공동체의 정신적인 전통이 담겨 있어서 그 공동체에 속한 사람들의 정서와 사유와 감성까지 인도한다.

이것을 바이스게르버(Weisgerber)는 언어학적으로 다음과 같이 설명한다.

(1) 모든 언어는 일정한 음성 형식들을 가지는 낱말들과 표현

수단들을 갖고 있다는 것은 누구나 알고 있다.

(2) 그리고 또한 음성 형식들만으론 아직 언어라고 할 수 없다는 것도 확실하다. 낱말은 어떤 사물을 표시하는 '기호'만은 아니며, 표현 수단은 어떤 사상의 단순한 '껍질'이 아니다. 음성 형식들을 언어와 동일시하고, 이 음성 형식들과 이들이 표시하는 사물들의 영역이라는 두 계층만을 인정하는 통속적인 언어 이해는 너무 피상적이다.

(3) 언어에는 낱말들의 '의미'와 표현 수단의 '기능'이 있다. 이러한 '의미들'과 '기능들'을 분석해 들어가면 우리는 하나의 사상적인 '중간 세계(Zwischenwelt)'에 부딪히게 된다. 이 중간 세계를 통해서 음성 형식들과 그것들이 표시하는 사물들과의 연결이 가능하게 된다.

(4) 이러한 사상적인 중간 세계는 허구적인 이념들(Ideen)이나 혹은 보편 타당한 사유 형식들에 의해서 성립된 것이 아니다. 인간의 정신이 그 속에 사유의 대상들(Gegenstände)을 설정하고 그 속에서 외부 세계의 사물들이 인간에 의한 정치(定置)와 판단과 파악을 통해서 형성되고 인식된다.

(5) 그런데 이러한 중간 세계는 '객관적인 존재'와 인간의 의식 안에 있는 '주관적인 존재' 사이에 위치하는 것으로서, 언어와 불가분의 관계를 갖고 있는 언어의 광장이다. 곧 그 중간 세계는 인간의 정신적인 소유가 되기 위해서 재창조된 세계이며, 여기에서 창조적인 힘이 발휘된다. 이러한 에네르기아

(Energia)가 발휘되는 이 광장을 우리는 모든 언어의 '세계상 (Weltbild)'이라고 한다.[3]

바이스게르버의 이러한 이론에 의하면 영어에는 앵글로 색슨 의 세계상이 있고, 독일어에는 독일 민족의 전통적인 세계상이 있고, 우리말에는 우리 겨레의 세계상이 있다. 그 세계상은 우 리의 감성적인 지각과 감정적인 표현과 정서적인 느낌과 이성적 인 사유를 인도한다. 다시 말하면 그 세계상은 우리의 삶을 지 배한다. 그리고 각각의 세계상은 공동체와 더불어 역사적으로 이룩된 전통적인 것이다. 그래서 나는 이것을 우리말의 '얼'이 라고 부른다. 우리말에 담겨 있는 우리 겨레의 '얼'이라는 뜻이 다. 이 얼은 우리가 우리말을 사용하고 있는 동안 우리의 느낌 과 생각과 행동을 지배한다. 이미 말한 바와 같이 낱말들은 단 순히 사물들을 표시하는 기호들이 아니며, 표현 수단들은 단순 히 보편적인 사상의 껍질들이 아니다. 모든 언어에는 각각 특수 한 내용이 있으며 따라서 중간 세계의 모양들도 언어마다 다르 다. 언어의 차이는 각 공동체가 지닌 문화적인 전통의 특이성과 연결되고, 그 민족의 사유와 생활을 지배하게 된다. 따라서 우 리말에 담겨 있는 것은 우리의 얼이다. 따라서 언어의 차이는 얼의 성격의 차이를 가져온다.

---

3) J. L. Weisgerber, *Das Gesetz der Sprache*, Heidelberg, 1951, S. 32, 33, 34.

위에서 말한 사실을 확인한 것이 미국의 물리학자이며 언어학자인 워프(Whorf)의 '언어학적 상대성 원리(the linguistic relativity principle)'이다. 워프는 모든 언어들을 사용하는 모든 사람들에게 해당하는 하나의 보편타당한 '자연적인 논리학'이 있다는 것을 반대한다. 왜냐하면 인간은 언제나 특수한 언어를 중개로 해서만 사유하기 때문이다. 그는 인간 사고의 형성은 자립적인 과정이 아니고 특수한 언어의 문법에 의존하기 때문에, 여러 언어들의 문법의 차이에 따라서 달라진다고 주장했다. 워프는 그의 이와 같은 이론을 아인슈타인(Einstein)의 물리학적인 상대성원리를 본받아서 언어학적인 상대성원리라고 불렀다. 모든 언어는 하나의 큰 구조 체계인데, 그 안에 여러 형식들과 카테고리들이 이미 마련되어 있다. 이러한 이미 설정되어 있는 형식들과 카테고리들을 토대로 해서 사람들은 자신의 생각을 전달하고, 자연을 조직적으로 정리하고, 모든 현상들과 그 관련상들을 파악하고, 그의 생각을 인도하고, 그의 의식의 구조를 설립한다. 그런데 워프에 의하면 모든 서로 다른 언어들 속에 담겨 있는 여러 세계상들은 근본적으로 동등한 정당성을 가진다. 그러므로 언어학은 여러 가지 세계상들을 개관하고 그 하나하나의 세계상의 상대성을 인식할 수 있게 해야 한다고 그는 말했다.

우리는 지금 서양 기술 문명의 압도적인 지배 아래 살면서 번역 문화의 혼탁 속에서 갈피를 잡지 못하고 있기 때문에, 흔히 인도 유럽말에 제약된 논리와 세계상을 유일하게 과학적이고 정당한 세계상으로 오해하는 일이 많다. 희랍말 형상($\acute{\eta}\ \mu o\rho\phi\acute{\eta}$)과 질료($\acute{\eta}\ \acute{\upsilon}'\lambda\eta$)를 통해서 이원론적으로 파악된 세계상과, 독일말 정신(Geist)과 자연(Natur)을 통해서 이원론적으로 파악된 세계상과, 중국말 음(陰)과 양(陽) 혹은 이(理)와 기(氣)를 통해서 이원론적으로 파악된 세계상이 모두 이원론적으로 구성된 세계상들이라고 해도 그 성격은 서로 전연 다르다. 그리고 어느 쪽이 더 우월한 세계상이라고 말할 수도 없다. 워프는 인도 유럽말 외의 언어들, 특히 북아메리카의 호피(Hopi) 말을 자세히 연구한 결과 다음과 같은 사실을 지적하고 있다. 유럽 사람들이 모든 현상들을 어떤 불변의 실체가 가지는 여러 가지 양상들로 생각하는 것은 주어와 술어의 이원적인 구조와 특징을 가진 인도 유럽말의 문법 구조의 결과라고 하면서, 이것은 모든 현상들을 물체화하는 경향을 가졌다고 한다. 그러면서 워프는 현대 이론물리학이 당면하고 있는 개념적인 난관들은 현대 과학의 개념들이 인도 유럽적인 사유의 영역 안에서 발전되었기 때문이 아닌가 하는 물음을 제기하고 있다. 그리고 인도 유럽적인 사유는 현대 물리학이 도달한 새로운 차원의 영역을 설명하기에는 부적당하기 때문에, 혹 다른 언어를 통해서 그 개념적인 난관들이 극복될 수 있지 않겠느냐는 희망을 표시하고 있다. 곧 워프는 인도 유럽말에서 발전한 현대 과학 개념들이 이제는 과학적인 발전에 장애가 된다고 생각한다. 그러므로 우리는 어떤 특정한 언어와 그 속에 담겨 있는 세계상이 반드시 우월하다고 생각할 이유가 없다. 여러 가지 서로 다른 언어들 속에 담겨 있는 세계 상들은 모두 개성들을 가졌으며 하나의 언어 공동체의 언어 속에 살아 있는 역사적인 얼도 개성적이다.

하나의 언어 공동체의 역사적인 얼은 언어를 통해서 문화 창조의 전제가 되며 수단이 되고 또 힘이 된다. 참으로 문화 창조는 언어 속에 살아 있는 얼의 힘에 의한 것이다. 그렇기 때문에 지나간 몇 십년 동안에 문화의 거의 모든 영역들에서 언어에 대한 관심이 높아진 것을 우리는 발견할 수 있다. 기술학은 언어 규격의 문제를 다루게 되었고, 경제학은 언어의 선전력에 주목하고, 종교는 종교적인 계시와 언어와의 관계를 살피기 시작했으며, 또한 법률학은 법 용어의 중요성을 더욱 절실히 깨닫게 되었다. 이것은 전체 문화의 구조에 있어서 언어의 중요성이 밝혀져 가고 있다는 것을 말한다. 하나의 언어 공동체의 풍속, 습관, 속담, 격언, 그리고 토속 신앙 등이 언어와 밀접한 관계를 갖고 있을 뿐만 아니라 우리의 기술, 경제, 법률, 종교, 과학 예술의 모든 영역들에서 나타나는 모든 행위도 언어라고 하는 수단을 주어져 있는 전제로서 받아들이고 있다. 이 언어라는 수단이 사용되는 정도에 따라 그 언어 속에 살아 있는 얼이 사람들이 의식하지 못할 만큼 자명하고 당연한 전제로서 움직이게 된다. 수와 기호들의 조작을 통해서 엄격하게 합리적으로 전개된다고 생각되는 수학에 있어서도, 그 기본 공리들이나 기본 원리들 속에 아직 분석되지 아니한 언어가 숨어 있는 것을 발견할 수 있다.

말의 예술인 시문학은 물론이지만 조각이나 미술, 음악에 있어서도 언어적 전제는 배제될 수 없으며, 이 영역들은 특히 언어 속에 담겨 있는 세계상과 밀접한 관계를 갖고 있다. 다만 예술가들은 그것을 분명하게 의식하지 못하는 것뿐이다. 그러나 우리가 시대마다 민족마다 예술의 표현방식들이 달라지는 이유들을 자세히 살펴보면 그것을 알아낼 수 있다. 그러므로 우리의 모든 생활에 함께 작용하는 우리의 말은 그의 사상적인 중간 세계와, 거기에 형성된 우리말의 세계상과, 거기에 살아 있는 겨레의 얼 등을 통한 문화 창조의 전제이며 또한 문화 창조의 길이다. 언어는 이와 같이 문화 창조의 전제일 뿐 아니라 문화 창조의 길이기도 하다. 우리는 기술이나 경제나 종교나 법률이나 과학을 위해서 언어적인 수단을 발전시킨다. 전통적인 종교나 법률의 규범을 해석하는 데도 언어라고 하는 수단은 중요한 역할을 한다. 이 모든 경우에 있어서 언어는 언제나 다만 어떤 목적을 위한 수단에 불과한 것이 아니고 함께 형성하는 창조적인 힘을 가졌다. 언어는 문화 창조의 전제이며 동시에 수단이지만, 더 나아가서는 그 언어 속에 담겨 있는 세계상과 거기에 살아 있는 얼로 인해서 또한 문화 창조의 목적이기도 하다. 왜냐하면 문화 창조는 결국 그 언어 공동체의 세계상과 얼을 더욱 알차고 풍부하게 하고 빛나게 하는 것을 목적으로 하기 때문이다. 우리의 문화 창조는 우리 겨레의 얼의 힘에 의한 것이며, 또한 우리 겨레의 얼을 빛나게 하는 것을 지향한다. 우리가 언어의 세계상과 거기에 살아 있는 얼을 이해하면 언어가 역사를 이끌어가는 힘이라는 것을 쉽게 알 수 있다. 물론 이미 하나의 낱말이나 하나의 특수한 언어 표현이 역사를 지배할 수도 있다는 것을 부인할 수는 없다. '평등' '우애' '자유'라는 말이 혁명의 불길에 부채질을 하였고, '은혜를 통한 구원'이라는 말이 종교개혁자의 마음에 초인적인 힘을 주었으며, '부르조아'와 '프롤레타리아'라는 말은 모든 사람들이 사회를 관찰하는 눈을 일정한 형식으로 고정시킴으로써 역사를 뒤흔들어 놓았다. 우리가 언어의 세계상이라는 것이 무엇인지를 알고, 거기에 살아 있는 얼이 우리의 역사적인 삶에 대해서 무엇을 의미하는지를 알면 언어와 역사와의 관계는 이론적으로 분명해진다. 언어가 만일 훔볼트가 말하는 대로 참다운 '에네르기아'로서 한 민족의 전체적인 정신적 잠재력이 드러나는 길이라면 이것은 곧 역사를 이끌어가는 힘이다.

언어는 객관적인 사물에 붙어서 그것을 표시하는 기호가 아니다. 또한 언어는 개인의 주관적인 표상도 아니다. 그것은 하나의 언어 공동체의 사회적인 공기라는 의미에서 초주관적이다. 그러므로 결국 언어는 객관적인 사물과 주관적인 표상 사이에 이룩된 '중간 세계'이다. 이 중간 세계는 그 언어에 의해서 생활하는 모든 개인들의 마음에 투영되어 주관적인 모든 표상을 결정하고 모든 생각을 인도한다. 그래서 이 중간 세계에는 그 언어의 세계상이 담겨 있다고 한다. 이 세계상은 그 언어 공동체의 역사적인 정신 생활을 통해서 이룩된 것이며, 그 공동체에 속한 모든 사람들의 삶을 지배하기 때문에 이 세계상은 거기에 그 겨레의 얼이 살아 있는 장소라고 할 수 있다. 언어의 세계상에 살아 있는 얼은 문화를 창조하는 힘이며 또한 역사를 움직이는 힘이다.

9. 우리말의 논리

만일 워프(Whorf)가 말한 바와 같이 하나의 보편타당한 '자연적인 논리학(natural logic)'은 없고 언제나 특수한 언어를 중개로 한 논리학이 있을 뿐이라면 우리에게는 하나의 중대한 과제가 주어진다. 첫째로, 우리가 지금까지 보편 타당한 논리학으로 믿었던 아리스토텔레스 이래의 서양 논리학이 인도 유럽말의 제약을 벗어날 수 없다면, 우리는 어떻게 해서 우리말의 구조에 알맞는 논리학을 발전시킬 수 있을 것인가라는 문제이다. 둘째로는, 특수한 언어의 제약을 초월한 '보편적인 논리'를 이론적으로 추구할 수 있겠는지, 만일 추구할 수 있다면 어떻게 할 수 있으며, 또한 그것은 어느 정도 완전하게 언어의 제약을 배제할 수 있는지하는 문제이다.

이러한 문제들을 다루기 위해서 먼저 우리는 서양 철학의 기본 개념이라고 할 수 있는 '로고스(Logos)'라는 말이 아리스토텔레스의 논리학에 어떤 기본적인 역할을 하고 있는가를 알아보고, 또한 아리스토텔레스의 10개의 범주들과 12가지 판단 형식들이 어느 정도 희랍말의 제약 아래 발견된 것인지를 살펴보아야 하며, 그의 논리학의 기본 원리인 모순률과 판단론, 추리론이 얼마나 희랍말의 주어와 술어의 이원적인 구조의 영향 아래 있는가를 알아보아야 할 것이다. 그러나 이러한 문제는 앞으로의 연구로 미루고, 우선 여기서는 우리말을 토대로 한 논리학의 정리라는 시급하고도 중대한 과제의 기초 작업으로서 우리말의 사고 유형이 가지는 특징을 살펴보려고 한다.

(1) 인도 유럽말은 주어(S)와 술어(P)의 이원적인 구조를 갖는 언어인데, 주어를 중심으로 해서 술어가 이를 수식하는 형식을 가졌다. 그러나 우리말은 술어를 중심으로 한 다원적인 구조의 언어인데, 주어도 술어를 수식하기 위해서 필요할 때 덧붙여진다. 주어는 너무 많이 생략되기 때문에 결국 술어 중심의 언어라고 할 수밖에 없는 것이다. 보기를 들면 한하운의 「보리피리」는 다음과 같이 읊는다.

보리 피리 불며

봄 언덕
고향 그리워
피ㄹ 닐니리.

보리 피리 불며
꽃 청산
어린 때 그리워
피ㄹ 닐니리.

조병화의 「하루만의 위안」은 '나'도 '너'도 '우리'도 '사람'
도 없이 다음과 같이 노래한다.

잊어버려야만 한다.
진정 잊어버려야만 한다
오고 가는 먼 길가에서
인사 없이 헤어진 지금은
그 누구던가
그 사람으로 잊어버려야만 한다.

김소월의 「진달래 꽃」은 '님'이라는 말이나 당신이라는 말에
도 부끄러움을 느끼는 듯 주어를 잊어버린 채 다음과 같이 고백
한다.

나 보기가 역겨워

가실 때에는

말없이 고이 보내

드리우리다

영변에 약산 진달래 꽃

아름 따다 가실 길에

뿌리우리다.

가시는 걸음 걸음 놓인 그 꽃을

사뿐히 즈려 밟고

가시옵소서

나 보기가 역겨워

가실 때에는

죽어도 아니 눈물

흘리우리다.

우리들의 대화에서는 대체로 주어가 생략된다. 다른 사람이
얼른 그 대화를 곁들으면 이야기의 줄기를 알아차리지 못한다.
그러나 대화하는 두 사람은 잘 이해한다.

(가) 여행을 다녀왔습니다.

(나) 그래, 재미있었어요?

(가) 고생스러웠지만 역시 마음을 후련하게 해 주었습니다.

인도 유럽말은 주어를 중심으로 해서 그 주어의 양상을 술어가 표현하기 때문에, 변화하는 현상은 변화하지 않는 실체의 양상이며 이 실체가 현상의 주체라는 사고방식을 발전시켰다. 그래서 희랍 철학자들은 변화무상한 현상들 배후에 있는 영원히 변하지 아니하는 '아르케(Ἀρχή)'를 찾았다. 이 실체가 물질적인 원자인지 혹은 정신적인 '이데아'인지에 따라서 서양 철학에 있어서 특징적인 유물론과 관념론이 갈라진다. 그러나 우리말은 동작과 양상을 표현하는 술어가 중심이기 때문에 현상을 변화하는 양상 그대로 이해하고 여기에 자연스럽게 조화하려는 사고방식이 발전되었다. 우리말의 표현 방식은 현상학적이라고 할 수 있다. 주어를 중심으로 한 인도 유럽말이 꾸준히 동일성을 추구하는데, 술어를 중심으로 한 우리말은 다양성에 충실한다. 모든 현상을 결과한 원인을 늘 찾아 올라가는 과학적인 인과율의 사고방식도 인도 유럽말의 구조, 곧 술어가 묘사하는 현상은 그 원인으로서 주어가 묘사하는 실체를 전제한다는 데에 근거한 것이다. 이에 비하면 우리말은 유동적인 현상들을 술어가 중심이 되어 여러 첨가어들의 도움을 받아 다양하게 묘사하기 때문에 사고방식에 있어서 인과율적이라기보다는 직관적이고, 직선적인 추리보다는 윤회적인 추리를 따른다.

청산은 절로 절로
녹수도 절로 절로

산 절로 수 절로
산수간에 나도 절로
그 중에 절로 난 몸이
늙기조차 절로 하리

여기에서 청산도 유수도 나도 모두 절로의 수식어다. 사고방
식에 있어서 직관적이고 추리에 있어서 윤회적이라는 것이 여기
잘 나타난다.

　(2) 인도 유럽말이 그 구조에 있어서 안정된 서술형인데 대해
서 우리말은 긴장된 서술형이다. 인도 유럽말은 대체로 주어가
먼저 정립되고, 그리고 그 주체의 존재와 동작을 표현하는 술어
동사가 따르고, 이 술어 동사의 목적어나 보어가 그 뒤에 온다.
사실을 안정된 자세에서 서술하는 구조이다. 우리말은 사실을
사실대로 서술하면서 발전되었다기보다는 나와 너와의 대화로
써 발전되어 왔기 때문에 우리말의 구조는 상관적인 구조라고
할 수 있다. 우리말에 주어가 흔히 생략되는 것도 그 때문이다.
주어가 생략된 이야기는 그 자체로서는 안정된 구조를 이룩하
지 못했어도, 대화 안에서 상관 관계를 통해서 주어는 드러난
다. 우리는 가까운 친구들끼리 만나면 다음과 같이 말을 주고
받는다.

(가) 어떻게 지내지?

(나) 그저 그럭저럭.

(가) 여태 우물쭈물이야?

(나) 글쎄, 잘 되질 않아.

(나) 하기야 서둘 수도 없지.

(가) 사는 것이 다 그런 거지만 허송세월 할 수는 없어.

(나) 그건 그래.

이런 말들이 오가도 대화를 하는 나와 너는 완전하고 분명하게 서로를 이해 한다. 우리말의 구조는 나와 너, 그리고 삶의 특수한 상황이라는 삼각 관계에서 자연스럽게 우러나는 구조이다. 우리말은 이와 같이 대화형의 구조이기 때문에 사실을 객관적으로 서술하는 말이라기 보다는 언제나 너에 대한 나의 말이다. 이러한 우리 말의 성격은 어떤 물음에 대해서 '예' 혹은 '아니오'로 대답하는 관계를 살펴보면 뚜렷이 드러난다. 보기를 들면,

(가) 이것은 학교가 아닙니까?

(나) 예.

이런 대화의 경우 사실은 그것이 학교가 아니라는 것을 말한다. 그러므로 여기서 '예'는 사실에 대한 판단이 아니고, 너가

"이것이 학교가 아닙니까"라고 물었을 때의 너의 가정적인 판단 '아니다'에 대한 나의 판단이다. 또 다른 보기를 들면 다음과 같은 경우에서도 그러한 구조는 분명히 인식된다.

(가) 나에겐 마음 붙일 고향이 없다.
(나) 아니야, 네가 서 있는 그 곳이 너의 고향이야.

여기에서 '아니야'는 고향이 없다는 말이 아니고, 고향이 없다는 너의 나그네의 현실에 대한 나의 주관적인 판단이다.

이와 같이 우리말의 구조가 상관적인 대화형이면서 '긴장'된 대화형이라는 것은, 그것이 안정된 서술형이 아니므로 나와 너 그리고 상황의 삼각 관계에서 이해되어야 하기 때문이기도 하지만, 또한 우리말에 있어서의 접미사가 아주 중요한 역할을 하기 때문이기도 하다. 우리말의 문장은 하나 이상의 절로 구성되며 절은 반드시 특별한 형식의 명령어 '가!'를 제외하고는 어간에 어미가 첨가되어 구성된다. 언어학자들은 우리말을 언어의 친족 계통으로 살펴서 첨가어의 계통에 속한다고 한다. 우리말은 어간에 첨가되는 접미사가 전체 문장 안에서의 큰 의미를 갖는다. 접미사에 따라서 하나의 말이 주어가 될 수도 있고 목적어가 될 수도 있다.

사람이 죽인다.

사람을 죽인다.
사람도 죽인다.

여기서 '이' '을' '도'에 따라서 문장의 의미가 극단으로 달라진다. 그리고 한 처녀의 아름다움을 말할 때에도 접미사에 따라서 그 말의 의도를 전연 다르게 나타낼 수도 있다.

얼굴이 아름답다.
얼굴은 아름답다.
얼굴도 아름답다.

여기에서 '이'와 '은'과 '도'는 말을 듣는 처녀에게 전연 다른 반응을 일으킬 수 있다. 그 처녀는 아름다운 얼굴에 대해 말하는 사람의 칭찬을 안심하고 들을 수 없다. "얼굴이 아름답다"고 하면 아름다운 얼굴의 단순한 묘사이지만 '얼굴은 아름답다'고 하면 '교양은 없다'느니 '마음씨는 나쁘다'느니가 숨어 있다. '얼굴도 아름답다'고 하면 '교양도 있다' 혹은 '마음씨도 좋다'를 기대해도 된다.

그뿐만 아니라 말이 끝나갈 때에 붙는 접미사가 말의 방향을 전연 다른 데로 돌려 버린다. 그렇기 때문에 듣는 사람은 이야기가 완전히 끝날 때까지 안정된 마음으로 차분차분 듣고 있을 수가 없다. 이러한 접미사의 묘한 역할 때문에 우리말은 나와 너와 상황의 삼각 관계를 긴장된 관계로 만든다.

　당신의 이야기는 정당합니다 '마는',
　나는 당신의 태도에 동정할 수는 없습니다.

　여기서 '마는'은 '정당합니다'가 끝나기 전에는 미리 예상할 수 없는 새로운 방향을 제시하고 있다. 우리말의 이러한 구조는 변화하는 현상에 대한 다양한 판단을 가능하게 한다.

　(3) 우리말의 시제(時制)는 아주 특징적이다. 그것은 인도 유럽말처럼 일차원적인 시간관에 근거한 것이 아니고 삼차원적인 시간관에 근거한 것이다. 일차원적인 시간관이란 시간을 일직선으로 흘러가는 것처럼 생각하는 물리적인 시간관이다. 이러한 일차원적인 시간관에서 과거는 '이미' 지나가 없고, 미래는 '아직' 오지 않아 없다. 현재도 엄밀하게 따지면 과거와 미래로 갈라지고 남는 것은 부피가 없는 순간이 된다. 그러므로 일차원적인 시간은 '이미' 없고 '아직' 없고 부단히 없어지는 '순간'의 시간이다. 이것은 물리적이고 추상적인 시간관이다. 이에 대해서 삼차원적인 시간관은 둥근원과 같은 시간 구조를 말한다. 아래 반원은 과거이고 위의 반원은 미래이고, 이들 원이 직경으로서의 현재를 둘러싸고 있는 삼차원적인 시간 구조를 뜻한다. 여기서 과거는 '이미' 없는 것을 말하는 것이 아니고 기억과 이룩된

전승으로서 현재 살아 있고, 미래는 '아직' 없는 것이 아니고 희망, 기대, 혹은 계획으로서 현재 살아 있다. 여기에서 현재는 움직임이나 상태이며, 과거는 이를 밑받침하는 기억과 전승이며, 미래는 이 움직임과 상태가 지향하는 희망이나 기대이다. 이것은 구체적인 삶의 시간 구조이다. 일차원적인 시간 구조에서는 과거는 '이미' 없고, 미래는 '아직' 없고, 현재는 만일 부피가 있으면 그것은 과거와 미래로 나뉘어지기 때문에 부피가 없다. 그러므로 일차원적인 시간 구조는 '없는 시간'이며, 따라서 추상적인 시간이다. 그러나 삼차원적인 시간 구조에서 과거는 기억과 전승으로서 살아 있고, 미래는 희망과 기대로서 살아 있고, 현재는 과거와 미래에 의해서 보호된 상태와 움직임이기 때문에 이것은 '살아 있는 시간'이며 구체적인 시간이다.

인도 유럽말의 시제는 일차원적인 시간관에 근거하고 있기 때문에 시제가 일직선적인 시간의 흐름에 따라서 대과거, 과거, 현재완료, 현재, 전미래, 그리고 미래로 나뉘어져 있지만, 우리말의 시제는 삼차원적인 구체적인 시간관에 근거하고 있기 때문에 현재를 중심으로 해서 완료된 전승과 지향적인 기대의 시제가 있을 뿐이다. 흔히 우리말의 문법가들은 인도 유럽말의 문법범주를 그대로 본받아서 우리말의 시제를 억지로 조작하려고 한다. 그러나 우리말의 시제가 '살아 있는 시간', 곧 구체적인 시간의 구조에 근거한 것이라고 해서 그것이 우리말의 결함일 수는 없으며, 오히려 우리말의 생동성에 대한 표현이다. 흔히들 우리말의 시제가 애매하다고 하지만, 이미 없는 과거와 아직 없는 미래와 현재의 부피 없는 순간을 갈라 놓고 '없는 시간'을 가정해서 이루어진 말의 시제보다, 살아 있는 구체적인 삶의 시간에 충실한 우리말의 시제가 더 현상학적으로 정확하다.

  (가) 일을 한다.
  (나) 일을 하였다.
  (다) 일을 하겠다.
  (라) 일을 하였겠다.

  우리말 문법가들은 하 'ㄴ' 다를 현재진행이라고 하고, 하 '였' 다를 과거라고 하고, 하 '겠' 다를 미래라고 하고, 하 '였겠' 다를 미래완료라고 한다. 그러나 살아 있는 구체적인 시간에 있어서 현재는 언제나 진행이기 때문에 현재와 진행을 억지로 구별할 필요가 없다. '하였다'는 이룩해서 현재 이어받은 전승을, '하겠다'는 현재가 지향하는 기대를 표현한다. '하였겠다'는 이룩해서 전승해 줄 것을 기대하는 것이다. 다시 말하면 우리말의 시제는 살아 있는 구체적인 삶의 시간 구조에 근거한 것이기 때문에 과거와 현재와 미래가 분리되어 있지 않고, 기억이나 전승, 혹은 진행, 희망, 기대 등의 현재를 중심으로 한 시제가 있을 뿐이다.
  그러므로 우리말의 논리는 첫째로, 술어를 중심으로 한 현상의 논리로서 인도 유럽말의 실체의 논리와는 다르다. 그 때문에 우리나라 사람들은 그 사고방식에 있어서 현상학적이다. 둘째로, 우리말의 논리는 나와 너와 상황의 삼각관계에서 이루어지는 상관 논리로서 인도 유럽말의 주체적인 서술 논리와는 다르다. 말하는 사람과 듣는 사람 그리고 그 상황이 함께 상승되어서 논리를 성립시킨다. 그 때문에 우리나라 사람들은 상대방에 대해서 관심이 많다. 셋째로, 우리말의 논리는 접미사가 묘한 역할을 하기 때문에 직선적인 추리의 논리가 아니고 우회적인 추리의 논리이다. 빙빙 둘러서 추리해 나가다 자기의 판단을 잊어버리는 일이 많다. 넷째로, 우리말의 논리는 그 시제에서 잘 드러나는 바와 같이 인도 유럽말처럼 추상적인 이론의 논리가 아니고 구체적인 삶의 논리이다. 우리나라 사람들은 그 사고 방식에서 아주 현실적이다. 앞으로 우리말에 근거한 논리학의 전개는 이러한 몇 가지 특징에 유의할 필요가 있다.

10. 말과 삶

 우리는 지금까지 일정한 낱말들과 일정한 문법적인 구조를 가진 언어에 관해서 살펴보았다. 이러한 낱말들과 문법적인 구조들은 우리가 이것을 통해서 이해하고 서로 생각을 전달할 수 있는 객관적인 매체로서 주어져 있다. 이런 의미에서 우리는 언어를 하나의 사상적인 '중간 세계'라고 불렀다. 여기 중간 세계에서 외부적인 혹은 내부적인 삶의 현실은 스스로를 밝힌다. 그리고 우리는 언어 안에 살아 있고 우리를 위해서 삶의 결실을 이룩하는 얼을 찾았다. 한마디로 말하면, 언어는 모든 사물들이 그 속에서 스스로를 밝히는 이해 지평이며, 언어의 세계는 가능성의 세계이며, 따라서 언어는 늘 현실을 이룩해 가는 창조적인 힘이며 우리의 공동체의 연결력이다. 이런 의미에서 언어는 인간의 삶의 집이다.

그런데 이제 그러한 객관적인 구조로서의 '언어'와 구별된 의미에서 삶의 구체적인 상황 안에서 표현되는 '말'이 우리의 삶을 위해서 어떤 창조적인 역할을 하는가를 알아보겠다. 우리는 지금까지 '언어'라는 용어와 '말'이라는 용어를 구별하지 아니하고 사용했는데, 여기에서 이제 '말'이라는 것은 구체적인 상황 아래 사람의 입에서 떨어지는 언어를 뜻한다. 우리는 흔히 '말이 없는 사람' 혹은 '말이 무거운 사람'이라고 한다. 이것은 언어 능력이 없거나 언어 기능에 장애가 있는 사람을 뜻하지는 않는다. 무거운 말이란 어렵게 발견되고, 애써서 선택되고, 상황에 대한 적절한 판단 아래서 우리의 입에서 떨어지는 말을 뜻한다. 이와 같이 무겁고 책임 있는 말은 삶의 현실을 크게 변화시키는 힘을 가진다. 이러한 말이 어떤 의미에서 어떤 방식으로 우리의 삶을 움직이는지를 살펴보자.

사람의 입에서 떨어지는 말은, 첫째로 결단을 의미한다. 지금까지 애매하고 다의적이고 가변적인 현실이 입에서 떨어지는 말을 통해서 일정한 형식과 일정한 성질로 결정된다. 들에서 보기 드문 한 송이의 꽃을 보고 '이것은 들장미'라고 했다든지, 혹은 의사가 환자를 진찰한 결과 '폐병이다'라고 했을 때, 그리고 치사 사건을 재판하는 판사가 '이것은 살인이다'라고 판결했을 때, 그리고 행정가가 사회 참여 의식이 강한 교수를 '정치 교수'

라고 못박았을 때, 이 모든 경우들에서 언제나 유동적인 현실이 말을 통해서 결정적인 형식의 성격을 갖게 된다.

어떻게 결정적인 형식의 성격을 갖게 되는냐는 것은 이 모든 경우들이 각각 서로 다르다. 들장미의 경우에서는 말이 떨어지면서 그 대상이 올바르게 인식된다. 물론 이 경우에 그 꽃의 식물로서의 종류는 말이 떨어지기 전에 이미 결정되어 있다. 그러나 말이 떨어지고 명확하게 인식됨으로써 그저 스쳐 갈 수도 있었던 길가의 들장미가 그 사람의 마음에 간직되게 된다. 이것은 분명히 상황의 변화를 의미한다. 이 경우는, 말하자면 하나의 현실이 말이 떨어짐으로써 그 중요성을 갖게 되는 것이다. 의사의 진단의 경우도 이와 비슷하다. 그 진단이 질병 자체를 변화시키는 것은 아니고 사실을 사실대로 발견한 것 뿐이다. 그러나 의사의 말이 떨어지고 병명이 확인되면 그 환자를 중심으로 한 상황이 변한다. 애매하고 어두웠던 것이 이제는 어디가 어떻게 병들었는가를 알게 되고 지금부터는 어떻게 할 것인가가 분명하게 된다. 여기서 상황은 새로운 양상을 띠게 된다.

그러나 판사의 판결의 경우는 성격이 다르다. '이것은 살인이다'라는 판사의 말이 떨어지기 전에 그 치사 사건은 정당방위 혹은 과실치사 등으로도 해석될 수 있는 애매하고 다의적이고 유동적인 현실이었다. 그러나 여기에서 이것이 정당한 판결이냐 부당한 판결이냐를 불문하고, 한번 떨어진 말은 그 현실을 일정한 각도에서 드러나게 함으로써 상황을 변화시킨다. 이와 같이 일반적으로 사람의 입에서 떨어지는 말은 불확정적이고 유동적인 상황을 일정한 결정적인 각도에서 고정시키는 힘을 가졌다. 정치 교수라는 단죄적인 호칭의 경우도, 그 사람의 주변 상황을 일정한 각도로 변화시킬 뿐만 아니라 그 사람의 사람됨의 과정 위에 고정적인 탈을 씌워 버린다. 그리고 또한 서로 사귀던 두 사람의 남녀 중 어느 한 사람의 입에서 '사랑한다'는 말이 떨어지면 지금까지 불확정적이고 유동적인 두 사람 사이의 상황이 그 말로 인해서 전연 새로운 양상을 띠게 하고 결정적인 현실로 드러나게 된다. 이와 같이 사람의 입에서 떨어지는 말은 현실을 형성하는 힘을 가진 결단이다.

여기에서 언어는 사람의 입에서 떨어지는 말을 통해서 새로운 상황을 이룩하고 현실을 창조한다. 언어는 창조적이다. 그러나 물론 언어는 임의적으로 무에서 유를 창조하는 것은 아니고, 일정한 조건들을 채워야 그 창조적인 기능을 발휘한다. 그러므로 말은 '빈' 말이어서는 안 되고 '채워진' 말이어야 하며 '들어맞는' 말이어야 한다. 이것은 낱말들의 창고 속에서 적당한 것을 골라 내는 것 이상의 창조적인 과업이다. 말은 마치 화살이 과녁에 적중하듯이 들어맞아야 한다. 그러나 화살은 이미 고정적인 형식으로 주어져 있는 과녁이나 동물을 적중시키지만, 말은 아직 유동적이고 불확정적이기 때문에 파악할 수 없는 것을 그 '들어맞힘'을 통해서 일정한 형식에 담아 파악할 수 있게 '만든다'. 이 창조적인 '만든다'는, 그러므로 '없음'에의 임의적인 창조가 아니고 일정한 조건들을 채우는 것을 뜻한다. 말에도, 빗나간 화살이 허공으로 사라지듯, 현실의 조건들로서 채워지지 아니한 '빈' 말이 있다. 다시 말하면 말은 이미 고정적으로 나타나 있는 현실을 들어맞추는 것이 아니라 그 들어맞춤을 통해서 현실을 일정한 각도에서 일정하게 드러나게 한다. 이것을 말과 사실의 '맞울림'이라고 할 수 있다.

그러나 만일 우리가 말을 통해서 아직 형성되지 아니한 현실이 형성된다고 생각한다든지, 혹은 말은 다만 현실에 일정한 해석을 덧붙이는 것이라고만 생각하면 그것은 잘못이다. 현실은 들어맞는 말을 통해서 비로소 완전한 현실이 된다. 그것은 들어맞는 말을 통해서 드러나기 이전에 완전히 존재하고 있었다고 할 수 없다. 존재할 수 있는 조건들이 주어져 있는 것뿐이다. 보기를 들면 '그리움'이라는 말 이전에 '그리움'의 정서가 존재하고 있었다고 할 수는 없다. 무엇인지 애매하고 불확정적이면서 지향적인 정서의 움직임이 있었을 것이다. 그러한 심리적인 조건들이 채워지고, 그에 들어맞는 '그리움'이라는 말을 통해서 그리움이 나타난다. '그리움'은 일본말 'あこがれ'와 독일말 'Sehnsucht'나 영어의 'longing'이나 프랑스말 'envie'들과 같은 심리적인 조건들을 채우는 말이지만, 또한 엄밀하게 살펴보면 그것들과 꼭 같은 정서는 아니다. 이러한 말들을 통해서 각각 특이한 개성적 정서가 창조된다. 야스퍼스(Jaspers)는 이러한 말의 창조력을 다음과 같이 설명한다. "말이 들어맞는 것

만이 참다운 의미에서 존재하는 것이며 스스로를 드러내고 밝히고 또한 운동하게 된다." "말에 의해서 표현된 것만이 현상들의 꿈 같은 흐름 속에서 드러나 스스로를 나타낸다. 말은 마술이다. 이름으로 불리워진 사물이 갑자기 존재하게 된다. 이름 없이 존재하고 이름 없이 일어나는 것은 끝없는 흐름 속에 몽롱하게 사라진다."[1] 들어맞는 말은 여러 가지 가능성들 중 하나의 특정한 것을 선택하는 결단이며 이 결단은 현실을 특정한 빛 아래서 밝히고 형성하는 창조적인 결단이다.

말은 한번 입에서 떨어지면 되돌릴 수 없는 성질을 가졌다. 그러므로 한번 입에서 떨어진 말은 그의 특유한 창조적인 힘을 발휘한다. 말한 사람이 그 말을 취소하더라도 이미 입에서 떨어진 말과 그것을 취소한 말이 함께 객관적인 사실로서 남는 것이지 결코 이미 떨어진 말이 사라지는 것은 아니다. 여기에서 우리는 말의 위험성을 인식하게 되고 또한 말하는 사람의 높은 책임성도 깨닫게 된다. 대장부의 한 마디 말이 천금보다 무거워야 한다는 것은 그 때문이다. 의사의 진단이 때로는 잘못된 진단일 수도 있다. 그러나 한번 의사의 입에서 떨어진 말은 환자의 생명을 위험한 상태에 빠뜨릴 수도 있다. 판사의 판결이 잘못된 판결일 수도 있다. 그러나 한번 판사의 입에서 떨어진 말은 관계자들이 놓여 있는 상황을 변화시킨다. 어느 경우에 있어서도

---

1) K. Jaspers, *Die Sprache*, München, 1964, S. 35.

말이 떨어지기 이전의 상태로 쉽사리 상황을 되돌릴 수는 없다. 다른 사람에 대한 욕이나 다른 사람을 모욕하는 별명 등도 한번 입에서 떨어지면 늘 그 다른 사람들과 함께 따라다닌다. 그 사람들이 마음에 입은 상처는 쉽게 아물지 않으며 그 사람들에 대한 타인들의 시각을 일정한 방향으로 결정해 버린다.

　사람의 심리 현상이나 행동은 늘 유동적이어서 구속력이 없다. 그러나 한번 떨어진 말은 감옥과 같은 구속력을 가졌다. 보기를 들면 내가 소지품을 잃어버렸을 때 어떤 친구가 가져가지 않았나 하고 의심해 볼 수도 있다. 그 의심이 의심에 그쳤다면 뒤에 그 소지품이 발견되면 그만이고, 또한 의심이 다른 사실로 인해서 풀릴 수도 있고, 시간의 흐름과 더불어 잊어버릴 수도 있다. 그러나 그 의심이 한번 나의 입에서 구체적인 말로 떨어지면 이 사실은 다시 되돌릴 수 없게 된다. 나와 그 친구 사이에 놓여 있는 상황을 지배하는 구속력을 그 말은 갖는다. 이미 말한 바와 같이 한번 '정치 교수'라는 말의 굴레를 쓴 교수는 그것을 통해서 크게 구속받는다. 그 말은 동료 교수들이 그를 보는 눈들의 각도를 결정해 버리고 자기 스스로가 자기 자신을 느끼고 인식하는 데도 크게 작용한다.

　말은 또한 특수한 혁명적인 상황 안에서 대중을 정열적인 행동에로 불붙이고 그리고 어떤 특수한 사실을 뼈아프게 못박아 버리는 무기의 역할을 한다. 그러한 말은 한 사람의 입에서 또 한 사람의 입으로 번져가면서 유혹적으로 내걸어진 모토를 통해서 울렁거리는 정열을 크게 자극해서 동원한다. 프랑스 혁명 때의 '횃불을 향하여(à la laterne!)'라든가, 마르크스(Marx) 의 공산당 선언문을 끝맺는 "만국의 노동자여, 단결하라 (Proletarier aller Länder vereinigt Euch)"라든가, 우리나라 자유당 시대에 야당이 내걸었던 "못 살겠다 갈아 보자" 등은 그러한 큰 선동적인 힘을 가졌다. 이러한 구호가 아닐지라도 정치는 말의 힘을 무기로 한다. 그뿐만 아니라 루터(Luther)의 '은혜를 통해서만(Nur durch die Gnade)'이라는 말은 종교 개혁자들에게 불굴의 용기를 불러일으켰을 뿐만 아니라 기독교를 오랫동안 뒤흔들어 놓았다.

  논쟁이나 토론에서도 말은 날카로운 칼의 역할을 한다. 나의 주장을 뚜렷이 드러내고 이것을 옹호하며 상대방의 약점을 후벼 내고 급소를 찌른다. 점잖은 대화의 경우에 말은 사실을 충실히 밝히는 것을 지향해야 하겠지만, 흔히 논쟁이나 토론에서는 상대방을 해치고 공격하는 데 이용된다. 상대방의 약점을 날카롭게 그리고 때로는 일방적으로 또한 때로는 과장해서 천하에 드러나게 하는 것도 말의 힘이다. 말하는 사람이 그러한 의도가 없어도 역시 말은 그 자체가 일방적으로 과장하는 성격을 가졌다. 현실 그 자체는 유동적이고 다의적인데, 말은 그것을 일방적이고 고정적인 틀 속에 담아서 드러내기 때문이다. 말은 때로는 원자탄처럼 터뜨리고 칼처럼 찌르고 주먹처럼 때리지만 또한 때로는 낚시밥처럼 사람을 낚는다. 얼마나 많은 유혹자들의 달콤한 말들이 그 속에 살인적인 가시를 지녔는지 모른다. "주먹처럼 때리는 말들이 있다. 그러나 또한 그대가 낚시밥처럼 삼키고도 깨닫지 못하고 헤엄쳐 가는 그러한 말들도 있다." 호프만슈탈 (Hofmannstahl)의 표현이다.

말은 또한 그와 반대로 긴장되고 싸늘한 분위기에 따뜻한 바람을 불어넣을 수도 있고, 궁지에 빠져 있는 삶에 갑자기 구원의 길을 열어 줄 수도 있다. 왜냐하면 한 마디의 말이 홀연히 새로운 생각과 희망을 불러일으키는 실마리가 될 수도 있기 때문이다. 우리 속담에 '좋은 말은 천 냥 빚도 갚는다' 는 말이 있다. 좋은 말은 인생의 무거운 짐도 가볍게 하고 어두운 괴로움과 슬픔을 꿰뚫고 밝은 희망을 가져올 수도 있다. 긴장된 침울한 분위기에서 한 마디 단순한 농담이 사람을 해방시킬 수도 있다. 한 마디의 지혜로운 낱말이 복잡한 사상을 정리하고 애매한 이해를 명백한 인식에로 이끌고 의식하지 못했던 정신적인 사실을 드러내는 일은 흔히 우리가 학문의 모든 분야에서 경험하는 바이다. 제1차 세계대전 후 제2차 세계대전을 전후해서 유럽의 불안하고 어둡던 정신적인 상황 속에서 '실존' 이라는 말은 사람들에게 최종적으로 그리고 결정적으로 의지할 수 있는 힘이 되어주었다. 실존이라는 말은 어떤 실체를 표시하는 이름이 아니고 그야말로 하나의 구념이다. 그러면서도 실존은 지나간 몇 십년 동안 유럽인들의 정신 생활에 그렇게 크게 작용했다. 그리고 그것은 사람들을 모든 권유와 절대적인 진리가 사라진 불안하고 상대주의적인 정신적 상황에서 구출하는 구원의 빛을 발했었다. 문학에서 평론에서 설교에서 '실존'이라는 말은 실존철학의 이론을 거치지 않고도 그의 힘을 발휘했었다. 현대인의 입에서 떨어지는 실존이라는 말은 허무의 물결이 늠실거리는 바다에서 붙들 수 있는 마음의 기둥이 되었다.

현실은 어떤 의미에서 붙들 수 없는 혼돈한 '카오스'와 같은 것이다. 영원히 흘러가면서 무상하게 변화하는 구름의 현상과 같다. 그것은 사람의 입에서 떨어지는 말을 통해서 비로소 일정한 구체적인 형태를 갖게되고 우리가 그것을 붙들고 그것에 부딪치고 할 수 있는 모습을 이룩하게 된다. 현상의 흐름이 말을 통해서 고정적인 형태로 이룩된 것, 이것이 참다운 의미에서 현실이다. 이렇게 들어맞는 표현을 통해서 이룩된 형태는 이제 하나의 고정적인 틀이 된다. 이 틀은 비슷한 조건들을 가진 현상을 담아서 일정한 모습으로 형성시킨다. 하나하나의 낱말들이 이러한 틀의 역할을 할 뿐만 아니라 모든 언어적인 표현 형식이 그러한 틀의 역할을 한다. 구호나 격언, 속담, 그리고 시들은 우리 삶에 대해서 그러한 틀의 기능을 가졌다. 우리의 일상적인 삶은 변화하는 현상이다. 이러한 유동적인 현상으로서의 삶이 우리가 입에 담은 격언이나 교훈이나 시의 고정적인 틀에 흘러 들어가서 일정한 모습을 이룩하게 되고 하나의 고정적인 궤도를 흘러가게 된다. 대장부(大丈夫), 일편단심(一片丹心), 호연지기(浩然之氣) 등은 우리가 어릴 때부터 우리의 삶을 담아 온 틀들이다.

이 몸이 죽고 죽어 일백 번 고쳐 죽어

백골이 진토 되어 넋이라도 있고 없고

님 향한 일편단심이야 가실 줄이 있으랴.

이 몸이 죽어가서 무엇이 될고 하니,

봉래산 제일봉에 낙락장송 되었다가

백설이 만건곤할 제 독야청청 하리라.

몸도 마음도 환경도 부절히 변화하는 삶의 상황 속에서 이것
이냐 저것이냐의 갈림길에서 이러한 절개를 읊은 시조들이 우리
에게 삶의 길을 열어 주는 힘이 된다.

11. 말과 사람됨

　언어가 우리 삶의 세계를 밝힐 뿐만 아니라 우리의 사람됨도 역시 언어를 통해서 이룩된다. 언어가 우리의 현실을 창조하는 것과 언어가 우리의 사람됨을 창조하는 것은 서로 불가분의 필연적인 보충 관계를 갖고 있다. 왜냐하면 우리의 외부 세계와 내부 세계는 서로 대응적인 구조를 갖고 있기 때문이다. 그런데 언어의 창조적인 기능은 우리의 외부 세계보다도 내부 세계에서 더욱 뚜렷하게 나타난다. 헤르더(Herder)는 인간은 언어를 통해서 이성을 갖게 되었다고 했는데, 이것은 이성이 선험적으로 완전한 형태로서 주어져 있는 것이 아니고 인간의 언어 생활을 통해서 자라난 것이라는 뜻이다. 언어 생활을 통해서 비로소 우리의 이성뿐만 아니라 우리의 정서와 다른 정신적인 기능들이 발전한다. 이러한 내부 세계의 발전은 외부 세계의 이해와 밀접한 관련을 갖고 있다. 인간이 언어를 통해서 외부 세계를 파악하고 정리하고 형성하는 바로 그 과정을 통해서 인간의 정신적인 기능들이 발전한다. 다시 말하면 인간은 언어를 통해서 현실을 창조하는 그 과정을 통해서 그의 삶을 형성하고, 이러한 삶의 형성을 통해서 그의 사람됨을 이룩한다. 언어가 언제나 특수한 역사적인 전통을 가진 일정한 구체적인 언어라는 것을 생각하면, 우리는 언어 속에 살아 있는 얼이 그 언어 공동체에 속하는 인간들의 사람됨을 이룩한다는 것을 이해할 수 있게 된다.

이러한 사실은 인간학적으로 그리고 교육학적으로 매우 중요한 의미를 갖는다. 왜냐하면 언어의 습득은 단순한 의사 표현이나 의사 전달의 수단만을 얻는 것을 의미하는 것이 아니고, 언어를 통해서 사람됨을 형성하는 것을 의미하기 때문이다. 그러므로 한 사람의 언어가 빈약한지 풍부한지, 애매한지 분명한지, 혼돈 상태에 있는지 정리되어 있는지에 따라서 그 사람의 사람됨도 역시 빈약하든지 풍부하든지, 애매하든지 분명하든지, 혼돈 상태에 있든지 잘 정리되어 있든지 하다고 할 수 있다. 이것은 우리가 한 인간을 그의 심리를 표현하는 언어를 통해서 인식할 수 있다는 것만을 의미하지 않는다. 곧 인간이 그의 사람됨을 그대로 그의 언어를 통해서 표현한다는 것만을 의미하지는 않는다. 인간이 그의 내부 세계를 그의 언어를 통해서 표현한다는 것은 너무나도 자명한 일이다. 우리가 여기에서 뜻하는 것은 인간이 언어를 통해서 비로소 그야말로 사람됨을 이룩한다는 것이다. 인간은 미리 선천적으로 완성된 고정적인 본질을 갖고 있는 것은 아니고 그의 언어를 발전시키면서 그의 본질을 형성해 간다. 말이 가벼운 사람은 그의 사람됨이 가벼운 것이며, 말이 무거운 사람은 그의 사람됨이 무거운 것이다. 말에 조리가 있고 분명한 사람은 그의 사람됨도 조리 있고 분명한 것이며, 말에 두서가 없고 애매한 사람은 그의 사람됨도 두서가 없고 애매하다. 그러나 이것은 말을 위한 말을 의식적으로 아름답게 꾸미고 수식하라는 것을 뜻하는 것은 아니다. 꾸민 말은 알맹이 없는 빈말이며, 빈말은 빈 사람을 만든다. 그러므로 아름다운 말이 중요한 것이 아니라 정확하고 들어맞는 알찬 말이 중요하다. 곧 언어를 위한 언어에 대해 관심을 가지는 것이 중요한 것이 아니고 사실을 지향한 언어에 대해 관심을 가지는 것이 중요하다.

언어는 인간의 내부 생활을 창조할 뿐만 아니라 비로소 인간의 내부 세계를 대상화하고 그것을 인식하게 한다. 다시 말하면 인간은 언어의 매개를 통해서 자아를 인식한다. 인간은 그의 성격과 도덕적인 인격과 윤리적인 행위들, 그리고 감정적인 기호 등을 외부 세계의 사물들과 마찬가지로 언어의 해석을 통해서 비로소 분명하게 인식하게 된다. 그리고 이러한 인간의 내부 세계는 일정한 언어를 통해서 마련된 길, 곧 일정한 언어의 얼에 의해서 제시된 길을 따라서 전개된다. 물론 이것은 인간이 사용하는 언어가 그에게 하나의 고정적인 인간성의 틀을 제시하고 인간은 다만 그것을 받아들인다는 말은 아니다. 언어는 여러 가지 가능성들과 윤리적인 행위들의 개념들을 제시하고, 인간은 이러한 주어진 가능성들과 개념들 중에서 결단을 통해서 그 자신의 것을 선택하고, 이렇게 마련된 틀을 통해서 그의 행위를 규제하고 그것을 반복함으로써 그의 존재를 형성한다. 인간은 그의 존재를 언어 속에 마련된 틀에 맞추어서 형성한다. 인간은 그에게 주어져 있는 그 언어 공동체의 일정한 언어 속에서 움직이면서도 그 언어를 아주 개성적인 방법으로 습득하고 사용한다. 그러므로 그 언어 속에 주어져 있는 여러 가지 가능성들과 개념들이 개인에 따라서 개성적으로 선택된다.

지금까지 우리들은 우리에게 주어져 있는 일정한 언어, 그리고 우리가 개인에 따라서 특색있게 습득하고 소유하고 사용할 수 있는 언어와 우리의 사람됨과의 관계를 살펴보았는데, 이제는 우리의 개인적인 언어 행위와 우리의 사람됨의 관계, 곧 우리의 입에서 떨어지는 말이 우리의 사람됨에 어떻게 작용하는가를 알아보기 위해서 몇 가지 주목할 만한 사실을 살펴보자. 첫째로, 인간이 다른 사람들과 주고받는 대화가 그의 사람됨을 이룩하는 데 중요한 의미를 갖는다. 말은 주고받음으로써만 늘 새롭게 샘처럼 솟아나고 늘 새롭고 다각적인 현실에 들어맞게 되어 더욱 창조적이 된다. 일방적으로 내뱉는 말은 흔히 허공을

치고 빈말이 되어 시들어 버린다. 왜냐하면 대화를 통해서 말은 늘 객관적인 사실을 지향하게 되기 때문이다. 상대방으로부터 제기되는 의문과 저항은 언제나 이 지향을 시험하고 말을 더욱 생산적이 되게 한다. 그리고 진정한 친구들 사이에서 마음의 문을 연 대화는 사람을 불안과 긴장과 일상적인 과제에서 해방시키고 포근하게 자기 자신을 가다듬을 수 있게 한다. 이러한 대화는 사람의 마음에 휴식을 가져올 뿐만 아니라 그의 내부 세계와 생각과 말을 부드럽게 해서, 주고받는 접촉과 만남을 통해서 마음을 갈고 닦아 새롭게 이룩되게 할 수 있다. 이렇게 말을 주고받는 대화는 우리의 자아 형성의 발전에 크게 이바지한다.

다음으로 우리의 순간적인 행동과 더 나아가서는 우리의 자아 형성은 다른 사람들이 나를 부르는 이름과 호칭에 영향을 받는다. 처음으로 어린 아이를 갖는 사나이가 '아버지'라고 불리웠을 때, 이 '아버지'라는 말은 그의 행동과 삶에 크게 작용하며 이를 통해서 그의 자아 형성이 영향을 받는다. 다른 사람들이 나를 '선생님'이라고 부를 때 이 말은 나의 행동과 삶을 다시 일정한 틀에 몰아 넣는다. 이것은 단순히 사회적인 지위나 직업이 인간의 자아 의식에 미치는 의무적인 혹은 심리적인 규제로부터 오는 것만이 아니다. 직업이나 지위에 대한 의식보다 구체적으로 '선생님' 혹은 '아버지'라고 불리웠을 때 그 말들은 순간적으로 나의 행동과 삶에 작용하는 힘을 가졌다. '선생님'이나 '아버지'라는 말들은 그렇게 불리우는 사람들의 유동적인 삶을 늘 일정한 길을 따라 발전해 가게 한다. 사람이 갖고 있는 이름, 곧 다른 사람들이 나를 부르는 이름도 우리의 사람됨을 위해서 중요한 의미를 가졌다. 우리는 이름을 가지고 사람을 다루고 어떤 의미에 있어서는 지배하기도 한다. 우리는 한 사람을 하나의 이름으로 부름으로써 그에게 동일성을 부여한다. 자기의 이름 아닌 가명으로 행세하는 사람은 자기의 동일성을 부인하는 것이다. 흔히 자기의 과거에 대한 책임을 회피하기 위해서 이름을 버려서 과거의 자기와 현재의 자기의 동일성을 없애 버리려고 하는 것은 그 때문이다. 이름을 갖지 않은 사람은 그의 몸도 마음도 환경도 떠도는 구름처럼 흘러가면서 붙들 수 있는 자아의 동일성을 갖지 않는 사람이다. 그는 참다운 의미에서 '존재'하지 않는 사람이다. 그는 사라져서 흔적도 남기지 않을 것이기 때문이다. 그렇기 때문에 우리는 때로는 우리의 이름이 거추장스러울 때가 있다. 나의 이름이 알려져 있지 않은 곳에서 자유와 해방을 느낄 때가 있다. 자아의 동일성과 사람됨의 과제는 역시 우리 자신에게는 거룩하고 무거운 과제이기 때문이다.

인간의 언어 생활과 그의 대화, 그리고 호칭, 이름 등이 그의 사람됨과 깊은 관계를 가졌다는 것을 알아보았는데, 이제는 사람의 입에서 떨어지는 말이 말하는 그 사람의 사람됨을 어떻게 지배하는가를 살펴볼 것이다. 인간은 그의 입에서 떨어지는 말을 통해서 상황을 변화시키고 애매하고 유동적인 현실을 일정한 모습으로 창조한다고 했는데, 인간은 또한 이를 통해서 그 자신을 일정한 고정적인 모습으로 창조한다. 여기에서는 풍부하고 분명하고 정리된 인간성의·도야가 문제가 아니라, 인간이 그의 입에서 떨어지는 말들을 통해서 그의 존재의 확정성과 동일성을 이룩한다는 것이 중요하다. 인간의 삶은 변화무상한 흐름인데 여기에서 하나의 새로운 요소가 드러난다. 인간의 삶은 '습관'을 형성하는데, 이 습관을 통해서 삶은 어떤 의미에서 항구적인 지속성을 갖게 된다. 그러므로 '습관'은 인간의 삶에 있어서 여러 가지로 중요한 철학적인 의미를 가졌다. 그러나 본래적이고 창조적이고 윤리적인 가치가 있는 지속적인 동일성은 사람의 입에서 떨어지는 책임 있고 무거운 말들을 통해서 이룩된다. 시간의 흐름 속에서 초시간적으로 지속하는 동일성, 그리고 변화무상한 삶의 흐름 속에서 붙들 수 있는 고정적인 동일성을 만일 우리가 '실존'이라고 한다면, 인간은 그의 실존을 그의 입에서 책임있게 떨어지는 말들을 통해서 창조한다고 할 수 있다. 그러면 이제 어떻게 인간의 초시간적인 동일성이 그의 말을 통해서 이룩되는가를 살펴보자.

사람이 일상 생활에서 한번 말한 것은 그를 자기 자신과 다른 사람들 앞에서 고정적으로 확정시킨다. 다른 사람들은 그가 말한 것을 통해서 그를 붙들고 그를 상대 하게 된다. 그가 말한 것은 오늘도 내일도 초시간적으로 남는다. 그러므로 그는 불가피하게 자기가 한 말에 의해서 구속된다. 자기가 한 말에 대해서 전연 책임을 느끼지 아니하고 오늘은 이렇게 내일은 저렇게 말하는 사람이 있다고 할지라도, 다른 사람들은 그러한 사람을 성실하게 상대할 수 없는 존재로 인정하게 되기 때문에 어쨌든 사람은 그의 입에서 떨어진 말에 의해서 구속되는 셈이 된다. 한번 입에서 떨어진 말은 그 되돌릴 수 없는 성격, 곧 시간의 흐름을 초월해서 남는 확정성을 통해서 삶의 흐름에 따라 흘러가지 아니하고 변화하지 아니하는 어떤 초시간적이고 고정적인 것을 이룩해낸다. 삶의 흐름 속에서도 사람들은 이것을 붙들고 의존하고 상대하고 기억하고 하는 것이다. 그러므로 사람은 그의 말을 통해서 아무것도 붙들고 의존할 것이 없는 삶의 흐름 속에서 불변의 동일성을 이룩할 수 있게 된다. 따라서 말이 늘 흔들리는 것은 단순히 표현이나 생각의 변화를 의미하지 아니하고 사실은 그 사람의 실체 상실을 의미한다. 물론 사람은 그의 잘못된 주장과 판단을 시정할 수 있고 또한 해야한다. 그러나 그것은 무거운 책임의식 아래서의 무거운 결단에 의한 것이어야 한다. 이 세상에서 사람의 입에서 떨어진 말보다도 더 초시간적인 불변성을 가진 것은 없다. 그러므로 사람은 흘러가고 변화하는 삶 속에서 그의 말을 통해서 어떤 초시간적인 동일성을 이룩할 수 있는 것이다.

여기에서 우리는 나의 책『사람됨의 뜻』에서 내가 밝힌 '약속의 현상학'을 한번 기억해내는 것이 좋겠다.[1] 사람의 입에서 떨어진 말은 그 되돌릴 수 없는 초시간성 때문에 미래를 위한 구

---

1) 이규호,「사람됨의 뜻」, 서울, 제일출판사, 1967, S. 111.

속력이 된다고 했는데, 이러한 사실은 사람이 약속을 할 때 다른 사람들에게 하는 말의 경우에 더 분명하게 드러난다. 약속의 말은 그의 미래를 구속하고, 다른 사람들은 그 주어진 말에 의존해서 그 사람을 상대 한다. 우리는 약속의 경우에서 사람의 말이 가지는 성격에 대한 가장 극단적인 사례를 발견하는데, 여기에서 언어의 본질에 속하는 말의 성격들이 극단적인 형식으로 드러나고 분명하게 인식된다. 처음으로 약속의 현상이 가지는 철학적인 의미를 문제삼은 사람은 가브리엘 마르셀(Gabriel Marcel)이다. 그는 사람이 약속의 말을 주고 그것을 지키고 상대방이 그 말을 믿고 하는 것이 우리의 인간 이해를 위해서 어떤 의미를 가지는가에 대해 묻는다. 이런 물음에 대해서 마르셀은 다음과 같이 대답한다. "우리가 약속을 하고 그것을 지키고 상대방이 그것을 믿고 하는 것은, 인간이라는 존재가 그의 육체적 심리적인 상태의 변화에 덧없이 내맡겨진 순간적인 존재가 아니고, 인간에게는 그의 윤리적인 노력을 통해서 그의 상태의 변화를 초월할 수 있는 그 무엇이 있다는 것을 의미한다. 약속을 주고받고 지키고 믿고 하는 사실은 인간 속에 시간의 흐름을 초월한 윤리적인 실체가 존재한다는 것을 증명하는 것이다."[2] 물론 많은 약속들이 지켜지지 아니하고 빈말들로 흘러가 버리는

---

2) G. Marcel, *Sein und Haben, übers. v. Behler.*, Paderbotn, 1954, S. 53.

일이 많다. 그러나 역시 환경과 상태의 끊임없는 변화에도 불구하고 약속이 지켜지는 일이 있으며, 또한 지켜져야 한다고 사람들이 믿는다는 사실이 중요한 것이다.

약속의 특이한 언어철학적 성격을 더 분명하게 밝힌 사람은 한스 립스(Hans Lipps)이다. 그에 의하면 약속의 말에서 언어의 창조적인 면이 아주 뚜렷하게 드러난다. 여기에서는 분명하게 말이 앞서고 현실이 이에 뒤따라서 창조된다. 왜냐하면 약속의 말이 먼저이고 이 약속이 실현됨으로써 그 말이 실현되기 때문이다. 다시 말하면 여기서는 분명하게 말이 현실을 창조하는 힘을 가졌다는 것이 드러난다. 약속을 한 사람이 그의 육체적이고 심리적인 상태나 환경이나 상황의 변화에도 불구하고, 이런 것들은 으레 끊임없이 변화하는 것이니까, 한번 입에서 떨어져서 되돌릴 수 없이 객관화한 말에 의해서 그 말을 '실현' 곧 '현실로서 채운다'는 것이 중요하다. 그러므로 약속을 지킨다는 것은 쉬운 일이 아니며, 여러 가지 상황의 변화에 대항하는 윤리적인 노력이 요구된다. 바로 여기에 우리의 사람됨을 위한 약속의 의미가 있다.

사람은 약속한 말을 지킴으로써 시간의 흐름 속에서 변화하는 순간적인 존재가 아니고 초시간적인 실체로서 나타난다고 했었다. 인간은 그의 자연적인 상태에서는 이러한 초시간적인 실체를 갖고 있지 않다. 그의 육체도 심리도 끊임없이 변화하는 흐름이며, 따라서 초시간적인 실체로서의 동일성은 없다. 따라서 인간이 그의 자연적인 상태에 있다면, '오늘의 나'는 벌써 '내일의 나'가 아니다. 이러한 자연적인 상태에서는 오늘과 내일 사이에 동일성이 없기 때문에 미래를 위한 약속은 있을 수 없게 된다. 그럼에도 불구하고 인간은 약속을 하고 지키고 그 약속을 믿곤 한다. 이것은 인간이 그의 자연적인 상태에서는 없는 초시간적인 실체를, 약속을 지키고 그의 입에서 떨어진 말에 책임을 지는 윤리적인 노력을 통해서 이룩할 수 있다는 것을 의미한다. 약속의 말을 지키는 것은 인간이 그의 자연적인 상태의 필연적인 흐름을 초월한 불변의 실체를 이룩하고 그의 윤리적인 인격의 동일성을 지키는 것이 된다. 이러한 초시간적인 불변의 실체를 이룩하지 못하고 윤리적인 인격의 동일성을 지키지 못하는 사람은 시간의 흐름과 더불어 걷잡을 수 없는 구름처럼 나타났다가 구름처럼 사라지는 것이다. 여기에서 내가 말한 '초시간적인 불변의 실체'니 '윤리적인 인격의 동일성'이니 하는 것은 현대 철학적인 개념으로 '실존'이라고 해도 좋고, 인간학적으로 '인간 존재의 최종적이고 절대적인 핵심'이라고 해도 좋다. 하여튼 이것은 우리의 사람됨의 최고의 절대적인 형태인데, 이것이 사람의 입에서 떨어지는 되돌릴 수 없는 말의 힘에 의해서 이룩되는 것이다. 여기에서 '이룩한다'는 것은 자연적으로 주어져 있지 않은 것을 창조한다는 뜻이다.

약속의 말뿐만 아니라 고백의 말이나 맹세의 말도 우리의 사람됨에 직접 작용하는 힘을 가졌다. 물론 약속과 고백과 맹세는 서로 밀접히 관련된 개념들이다. 범죄자가 그의 행동을 고백하고 그의 죄에 대한 책임을 진다. 또한 사람은 그가 감추고 있었던 사랑을 고백한다. 그뿐만 아니라 사람은 그의 깊은 사상적인 신념과 종교적인 신앙을 고백할 수도 있다. 그리고 사람은 그의 진실과 그의 결의를 맹세할 수 있다. 고백은 과거 관련의 성격을 가졌고 맹세는 미래 관련의 성격을 가졌다. 고백과 맹세에 있어서 공통적인 것은, 사람이 그것을 통해서 거짓과 비밀과 불분명한 세계를 벗어나서 스스로를 분명하게 드러낸다는 점이다. 고백의 말과 맹세의 말은 애매하고 유동적인 상태에서 벌거벗은 '자아' 를 드러내고 비판과 위험과 시련 앞에 내세움으로써 책임 있는 자아를 시험하는 것이다. 그러므로 고백과 맹세의 말은 그 사람에게 윤리적인 결단과 힘을 요구한다. 우리의 사람됨을 위해서 그들이 가지는 의미가 여기에 있다.

자라나는 어린이가 잘못을 저질렀을 때 우리는 그에게서 그 사실을 시인하는 분명한 말을 요구한다. 그것이 큰 잘못이든 작은 실수이든 그의 고백을 듣고 싶어 한다. 사실이 이미 명백하게 드러나 있어도 그의 변명이 아닌 고백의 말을 요구하는 것이다. 그것은 고백의 말을 통해서 유동적인 흔들림이 끝을 맺게 되기 때문이다. 고백의 말이 입에서 떨어지기 전에는, 그는 그 사실을 달리 여러 가지 방법으로 자기에게 유리하게 해석하고 어떻게든지 그 사실을 흔들림 속에 내버려둘 수가 있다. 그러나 고백의 말이 떨어지면 사실은 확정적인 형태로 드러나게 되고 흔들림은 끝을 맺게 되며, 그 사람은 이러한 확정적인 사실에 대해서 책임을 지고 이에 대한 자기 자신의 태도를 결정한다. 그리고 이러한 고백의 말은 자아를 명백하게 드러내고 늘 새롭게 자기 자신에게로 돌아가게 한다. 특히 어렵고 위험한 상황 안에서의 고백의 말은 인간의 자아 의식과 실존적인 자각을 가져온다. 인간은 그의 입에서 떨어진 고백의 말을 통해서 끊임없는 흐름의 상태에서 책임 있는 자아의 존재를 붙들어 세운다.

사랑을 고백하는 경우에도 한번 입에서 떨어진 말은 어떤 의미에서든지 하나의 사실을 굳혀 버린다. 인생의 모든 일이 그러하지만, 사랑은 늘 애매하고 유동적이고 구름처럼 걷잡을 수 없어서 사람을 애태우게 한다. 그러나 고백의 말이 떨어지면 그 되돌릴 수 없는 말이 하나의 사실을 굳혀 버린다. 우리는 많은 사랑의 고백이 빈말로 흘러가 버리는 것을 경험하지만, 그 고백의 말이 애매하고 유동적인 상태에서 어떤 하나의 사실을 굳혔다는 것은 부인하지 못한다. 사람이 그의 입에서 떨어진 말에 끝까지 충실하지 못한다는 것은 그의 초시간적인 인격의 실체가 자연적으로 주어져 있는 것이 아니기 때문에 그만큼 시련을 받는다는 것을 의미한다.

친구 사이의 우정에 대한 맹세나, 세계관적인 신념에 대한 맹세나, 종교적인 신앙에 대한 맹세는 인간이 자유로운 결단의 말을 통해서 그의 인격의 핵심을 굳히고 그의 삶의 길을 결정하는 것이다. 맹세는 모든 변절과 배신의 유혹을 물리친다. 그것은 자유로운 결단을 통해서 인격적으로 스스로를 자기 자신의 말에 얽매어 두는 것이다. 맹세는 자기 자신과 그 미래에 대해서 충성하는 행위이므로, 그것은 인간의 최종적인 실체로서의 자아의 통일성을 위한 행위이다. 그리고 맹세의 말이 우리의 내부 세계에 이미 고정적으로 형성되어 있는 것을 일반 사람들 앞에 밝히는 것이라기보다는 오히려 이 맹세의 말을 통해서 비로소 지금까지 유동적인 내면적 현실이 확정적인 결단에 이르게 된다. 다시 말하면 맹세하는 사실은 미리 결정되어 있는 것이 아니고, 맹세의 말을 통해서 비로소 완전하게 형성되면서 드러나는 것이다. 마음을 미리 정하고 맹세를 한다고 하지만 사실 맹세의 말이 떨어지기까지는 사람의 마음은 늘 유동적이고 가변적이다. 여기에서 말은 미리 결정된 마음의 단순한 표현이 아니라 윤리적으로 책임 있는 인격의 핵심을 형성시키는 힘을 가졌다는 것이 분명해진다.

우리가 지금까지 호칭, 이름, 약속, 고백, 맹세 등의 현상에서 살펴본 바와 같이, 사람의 입에서 떨어지는 말이 구름처럼 나타났다가 구름처럼 사라지는 인생에서 초시간적인 실체로서의 동일성을 창조해내는 힘을 가졌다면, 우리는 우리의 말에 대해서 최대한 신중하여야 한다. 인간의 입에서 떨어지는 모든 말이 사실은 하나의 고백이며 하나의 맹세이다. 따라서 모든 말은 하나의 결단이다. 그리고 이 결단은 나의 존재의 실체를 건 모험이다. 나의 영혼이 나의 말에 달려 있다.

12. 말의 변질

언어가 외부 세계를 일정한 각도에서 드러내고 해석함으로써
우리 이해의 세계를 구성하고, 무형의 내부 세계를 일정한 형식
을 통해서 드러내고 해석함으로써 우리의 정신 세계를 이룩할
뿐만 아니라, 우리의 입에서 떨어지는 말은 인간 존재의 초시간
적인 윤리적 실체를 창조한다. 그런데 언어의 이와 같은 창조적
기능의 이면에는 또한 언어의 위험과 더불어 오용될 수 있는 결
함도 있다. 언어를 그 낱말이나 문법에 있어서 올바르게 사용하
지 못한다든지, 혹은 일부러 거짓말을 해서 사람을 속인다든지,
욕이나 저주를 통해서 사람을 해롭게 하는 것 등은 모두 언어를
잘못 사용하는 것이다. 그러나 우리가 여기에서 주목하려는 것

은 이러한 언어 능력의 부족이나 고의적인 악용보다도 언어의 본질 속에 담겨 있는 필연적인 결함이다. 언어는 진리를 밝히는 역할을 할 뿐만 아니라 진리를 숨기는 역할도 한다. 탈리란드(Talleyrand)는 "언어는 인간의 사상을 표현하기 위해서 있는 것이라기보다는 그것을 숨기기 위해서 있다."고 말했다. 언어는 본질적으로 유동적인 현상을 일정한 형식에 담아서 표현하기 때문에 필연적으로 과장하고, 생동적인 것을 굳은 틀 속에 담기 때문에 필연적으로 현실을 놓쳐 버릴 수 있기 때문이다. 언어로 표현하고 나면 이미 진실은 그 속에 갇혀 있지 않다는 것이다. 우리는 언어의 이와 같은 일면을 여기에서 다루어 보려고 한다.

인류 문화의 역사와 인간의 이성이 언어와 더불어 자라난 것이라면, 따라서 인간을 '언어 능력을 가진 존재'라고 정의할 수 있다면, 그리고 또한 언어를 통해서 인간은 그의 이해의 세계를 형성하고 자아의 실체를 창조한다면, 인간은 그의 사람다움을 위해서 반드시 언어를 필요로 하며 이를 단념할 수는 없다. 하이데거(Heidegger)는 그러므로 언어를 '존재의 집(das Haus des Seins)'이라고 했다. 그러나 우리는 반대로 늘 언어를 통해서 진실을 놓쳐 버리는 것을 경험하며 또한 우리의 말을 통해서 자아를 잃어버리는 것을 경험한다. 그리고 우리는 늘 언어가 그것이 표현해야 할 것에 꼭 들어맞지 않는다는 고민을 갖고 있다. 인간의 깊은 느낌과 오묘한 정서와 심각한 사상은 적절한 말에 의해서 표현되지 아니하면 적어도 그 깊이와 오묘함과 심각성에 있어서는 곧 사라져 버린다. 그러나 또한 인간의 그러한 느낌과 정서와 사상은 결코 완전히 언어의 그릇에 담겨지지는 않는다.

쉴러(Schiller)는, "영혼이 말을 속삭인다. 아! 그러나 말하는 것은 이미 영혼이 아니더라."[1]고 한탄한 일이 있다. 영혼의 가장 내적인 근원은 그렇게 부드러운 생명의 움직임이기 때문에 그것이 일정한 형식의 말의 틀에 담겨서 객관화하면 사라져 버린다는 뜻이다. 모든 형이상학적이고 존재론적인 현실이 그러하다. 그 가장 내적인 진실은 언제나 언어를 초월한다. 실상이언(實相離言)이다. 이미 살펴본 바와 같이 인간의 실체는 말에 의해서 이룩되고, 삶의 현실은 말에 의해서 창조되고, 형이상학적인 실상은 말을 통한 표현 없이는 허공과 같은 것이지만, 이들의 가장 내적인 근원들은 또한 언제나 언어를 초월한다. 그러므로 언어에 의해서 형상을 이룩하는 창조적인 작업과 일정한 형식을 초월하는 무한한 근원의 힘 사이에 보이지 않는 대립이 있다. 이 대립은 언어의 본질에 속하는 것이며, 이러한 긴장된 대립을 통해서만 언어는 그 생산적인 기능을 발휘할 수 있다. 그러나 어떻게 이러한 긴장 대립 속에서 그의 창조적인 과제를 다하느냐는 것은 인간의 영혼과 생명있는 언어의 신비로운 작업이다. 존재의 실현은 일정한 형식을 요구하고, 존재의 근원은 늘

---

1) F. Schiller, *Sprache, Werke, Nationalausgabe. I. Bd.*, Weimar, 1943, S. 302.

일정한 형식을 초월하는 변증법적인 긴장된 발전 과정 속에 언어의 영원한 비밀이 있다.

이러한 변증법적인 긴장된 발전 과정의 입장에서 보면, 말이 없는 침묵도 말이 많은 다변도 그 창조적인 과제를 포기하는 게으름이며 진실을 변질시키는 죄악이다. 인간이 힘들게 애써서 들어맞는 말을 찾아서 적절하게 표현하려고 노력하는 것은 곧 그 노력을 통해서 현실을 붙들어 실체를 창조하는 것이다. 희미하게 느끼고 애매하게 생각한 것을 분명한 말에 담아서 표현하지 아니하면 우리는 그것을 곧 영원히 놓쳐 버린다. 인간의 내적인 실존적 진리는 그것을 말로 표현하고 다시 성실한 비판을 받고 하는 열린 대화를 통해서만 얻어질 수 있다. 말이 없는 침묵 속에 그러한 진리는 간직될 수 없다. 그러나 물론 이런 의미에서 '말을 한다'는 것은 '전인적인 행위'이어야 한다. 그러므로 아무리 말이 무거워야 한다고 해도 그것은 이러한 창조적인 과제를 단념하는 게으름으로 도피하기 위한 구실이 되어서는 안 된다. 이와는 반대로 말이 많으면 쓸 말이 적어서 단순한 지껄임으로 변한다. 이러한 지껄임은 일상적으로 굳어 버린 틀들을 생동적인 현실과 분리해서 나열함으로써 알맹이 없는 빈말들을 통해서 진실을 추방해 버린다. 이러한 지껄임에서는 긴장된 노력은 불필요하고 말에 대한 실존적인 책임도 사라진다. 이렇게 해서 지껄임은 알맹이 없이, 책임 없이 번져 간다. 침묵도 지껄임도 우리의 언어 생활의 잘못된 현상이다.

다음으로 말은 스스로 과장하는 성질을 가졌다. 여기에서 책임 있는 결단으로서의 말이 '큰소리'로 변질한다. 인간은 흔히 그의 언어 생활에서 그가 책임질 수 있는 것 이상의 것을 말하기를 좋아한다. 그리고 그는 그러한 큰소리에 스스로 도취해서, 그 사실로서 채워지지 아니한 큰소리는 현실을 창조할 수 없는 빈 소리라는 것을 깨닫지 못한다. 그러나 이러한 언어의 과장은 언제나 말하는 사람의 잘못이라기보다는 언어 그 자체의 내적인 본질에 속하는 것이기 때문에, 사람이 그것을 원하지 않는다 하더라도 쉽사리 회피하기 어렵다. 왜냐하면 언어는 단순히 이미 실재하는 현실을 묘사하는 것이 아니고, 그것을 창조적으로 형성하기 위해서 필연적으로 현실을 앞서기 때문이다. 언어는 아직도 유동적이고 애매한 불확정적인 사실을 일정한 표현 형식으로 담아서 확정적인 모습으로 이룩하기 때문에 현상을 앞서는 과장이 불가피하게 된다. 그러므로 인간의 말은 이런 의미에서 미래를 지향하는 현실의 '설계'이다. 이와같이 미래를 지향하는 현실의 설계로서의 말은 현재의 현상을 초월하고, 그의 창조적인 힘에 의해서 그 설계는 현실로써 채워져야 하며 실현되어야 한다.

이런 뜻에서 설계로서의 말의 과장은 우리의 삶의 세계를 풍부하게 하는 창조적인 행위이다. 언어의 이러한 성격은 인간이 그 자신에 관해서 말할 때 더욱 분명하게 드러난다. 인간의 자기 표현을 엄격하게 살펴보면 언제나 말에 의한 자기 설계이며,

그것을 앞으로의 삶을 통해서 실현하려는 것이다. 자기의 성격이나 능력을 말할 때 그것은 대체로 자기가 '바라는 모습'의 표현이며 실현되어야 할 존재의 설계이다. 이렇게 인간의 모든 자기 표현은 곧 자기 설계이며, 그리고 또한 이렇게 설계된 모습을 실현해야 한다는 것은 우리 삶의 특이한 율동이다. 인간은 그의 모든 소망과 기대, 그리고 그의 전체적인 의식 구조에서 늘 자기 자신의 현재를 초월하고 자기 자신을 미래를 향해서 설계한다. 그리고 그는 이 설계가 하나의 허망한 꿈에 머물지 않게 하기 위해서 이를 실현해야 한다. 여기에서 중요한 것은 '설계'와 '실현'의 변증법적 긴장 관계이다. 인간은 그의 설계를 통해서 자신을 초월하고, 그것을 실현함으로써 다시 자신을 이룩하고 또 다시 새로운 설계를 통해서 자신을 새롭게 초월한다. 이것이 삶의 율동이다. 그런데 이러한 변증법적 긴장 관계는 언어의 본질적인 성격인 '과장'에 의해서 성립된 것이다. 그러므로 언어의 과장은, 사람들이 흔히 생각하는 것처럼 인간의 고의적인 부도덕이라는 입장에서만 관찰될 것이 아니라, 언어의 본질적인 성격이라는 입장에서 근본적으로 고찰되어야 한다.

책임 있는 창조적인 말은 그러한 변증법적 긴장 관계를 깨뜨리지 않는 말이어야 한다. 현실이 따를 수 없을 만큼 멀리 초월한 빈말과 생산적인 설계의 성격을 상실한 힘 없는 둔한 말 사이에서, 책임 있는 창조적인 말은 그 바른 위치를 지켜야 한다. 책임 있는 말이 아닌 과장된 '큰소리'는, 사람이 그의 능력을 과대 평가하거나 그가 실현할 수 없는 것을 주장하는 데서 나오는 것이라기보다는, 사람이 그의 말의 생산적인 설계에 대한 책임을 책임 있게 인식하지 않는 데서 나오는 것이다. 그런데 현실이 따를 수 없는 빈말과 생산적인 설계의 말 사이에 한계선을 분명하게 설정하기는 어렵다. 인간의 말은 쉽사리 변증법적인 긴장 관계를 떠나 빈말이나 힘 없는 둔한 말로 미끄러져 나간다. 언어의 본질에 속하는 과장하는 성격이 생산적인 설계로서의 창조적인 기능을 가졌기 때문에 그것은 곧 사람이 의식하지 못하는 사이에 이른바 큰소리가 되어 버리기 쉽다. 이러한 가볍게 사람의 입에서 떨어지는 알맹이 없는 빈말로서의 큰소리는 사람을 불성실한 빈 삶으로 이끌어가고, 현실적인 삶의 참다운 과제를 잊어버리게 하고, 사람됨의 실체를 희생시키는 무서운 결과를 가져온다.

과장하는 성격과 관련해서 또한 언어는 본질적인 '일면성'의 성격을 가졌다. 유동적이고 불확정적이고 다양한 현상을 표현하는 언어는 하나의 가능성을 드러내어 이것을 발전적으로 형성한다. 그러므로 언어는 늘 현실을 '하나의' 특수한 입장에서 드러내고 밝히고 해석한다. 이 '하나의' 특수한 입장이라는 것은 현실을 일방적으로만 표현하는 것을 의미한다. 따라서 언어가 현실을 창조한다고 할 때 그것은 다양한 현상의 일면을 드러나게 하고 다른 면들을 감추어 버림으로써 일면적인 모양을 갖게 하는 것을 말한다. 그러므로 언어에 담긴 표현은 필연적으로 일면적이다. 예술적인 '표현'이라는 것은 언제나 뜻있는 일면을 두드러지게 부각시키고 다른 면들을 생략하는 것이다. 이것은 예술적인 표현뿐만 아니라 모든 언어 표현의 본질에 해당하는 것이다. 언어의 이러한 일면성은 현실을 분명하게 드러내고 일정한 모습으로 밝히는 생산적인 기능이지만, 그것은 또한 전체적인 진리를 감추는 잘못된 결함이 될 수도 있다. 이러한 잘못된 결함을 회피하기 위해서는, 우리가 먼저 언어를 통한 현실 파악이나 현실 표현은 본질적으로 일면성을 가졌다는 것을 인식하고, 그 일면적인 현실의 모습을 다른 면들에서 보충하고 전체적인 완전한 모습에로 도달하려는 노력이 필요하다. 인간의 모든 이해와 인식이 언어를 통해서 이룩되는 것이라면 그것은 언제나 숙명적으로 일면적이다. 이러한 불가피한 일면성의 결함은 비판과 시정과 보충을 위해서 열려 있는 대화에 의해서 극복될 수 있다. 진리를 지향하는 사람은 이러한 대화를 위해서 열려 있어야 한다. 외국말을 배우는 의미도 여기에서 더 깊이 살아난다. 하나의 종류의 언어는 그 언어가 가진 특징에 따라서 현실을 늘 일정한 입장에서만 보게 하기 때문에 그것만으로는 불가피하게 일면성을 면하지 못한다. 우리가 그 넓은 일면성의 테두리 안에서 나서 그 속에서만 생활하면 그것이 일면적이라는 것을 깨닫지 못한다. 그러나 외국말의 습득을 통해서 그것을 깨달을 수 있으며, 다른 또 하나의 관점을 배울 수 있게 된다. 이것이 문화 교류의 근본적인 토대이기도 하다.

마지막으로 일정한 고정적인 '틀'로서의 언어의 위험은 역시 딱딱하게 굳은 경화성이다. 이 점에서 많은 언어 비판가들, 특히 삶의 철학자들은 늘 딱딱하게 굳은 언어에 붙들리는 것을 비난했다. 말의 틀 속에서 삶의 생동성이 상실된다는 것이다. 말은 굳은 틀인데, 이 틀의 늘어나는 압력 아래서 삶의 원초적인 생명력이 마비되어 간다는 것이다. 언어가 인간에게 마련해 주는 공허한 개념들, 생각 없이 사용되는 말투들, 무비판적으로 주고받는 이야기들, 책을 통해서 전달되는 옅은 지식들, 이 모든 언어의 집 안에서의 삶은 참다운 원초적인 삶이 아니고 딱딱하게 굳은 생명 없는 삶이다. 사람들은 이러한 생명 없는 굳은 세계 안에서 움직이고 있으면서도 그것을 깨닫지 못한다. 그런데 사실 우리는 자주 우리의 생동적인 정서나 깊은 생각이나 오묘한 느낌을 일상적으로 굳어 버린 말들에 담아 표현하고 나면 무엇인지 허전함을 느낀다. 내가 표현하려는 정서나 생각이나 느낌은 이미 그 속에 갇혀 있지 않다는 것을 깨닫는다.

그런데 이와 같은 굳은 틀로서의 언어의 경화성은 그 자체가 단순한 언어의 결함이 아니고 사실은 언어의 본질적이고 생산적인 성격의 잘못된 작용에 불과한 것이다. 언어가 가진 일정한 '틀'로서의 기능은, 우리가 삶의 생동성을 보존하기 위해서 파괴해야 할 결함이 아니라, 그것으로 말미암아 언어가 언어의 구실을 하는 가장 본질적인 기능이다. 이 본질적인 기능이 잘못 작용하면 생동성을 질식시키고, 깊은 것을 일상적인 얕은 것으로 오묘한 것을 통속적인 둔한 형식으로 변질시킬 가능성도 있다. 그러나 우리의 생동적인 정서나 깊은 생각이나 오묘한 느낌은, 그것들이 일정한 언어의 틀에 담겨서 표현되고 보존되어 일정한 모양으로 형성되지 않으면 구름처럼 희미하게 나타났다가 희미하게 사라진다. 그러므로 일정한 '틀'로서의 언어의 기능은 창조적인 기능이다. 그러나 또한 그러한 깊은 생동적인 정서나 생각이나 느낌은 일상적인 언어의 딱딱하게 굳은 틀 속에 담겨 있지 않다는 모순된 이율배반의 사실을 우리는 주목한다.

지금까지 우리는 여러 번 특히 약속의 현상을 통해서 분명하게 사람의 입에서 떨어지는 말의 초시간적인 성격을 살펴보았다. 언어는 인간의 삶과 그의 세계를 형성하고 정리할 뿐만 아니라 삶의 가변적인 흐름을 초월한 그 무엇을 드러낸다. 말은 초시간적이다. 여기에 말의 범할 수 없는 존위가 있다. 종교적인 경전에서 말의 축조 불변성이 그렇게도 중요성을 갖는 것으로 주장되는 이유를 우리는 이해할 수 있다. 말은 삶의 흐름을 초월해서 영원한 영역에 참여하는 것이다. 이것은 곧 헤르더(Herder)의 언어에 대한 사상이었다. 그에 의하면 말은 감성적인 인상들의 큰 바다에서 늠실거리는 기능을 가졌다는 것이다. 그런데 이러한 '붙들어서 고정시키는 기능'은 그 자체에 있어서 언어의 창조적인 기능이지만, 그것은 또한 딱딱하게 굳은 틀을 통해서 생동적인 현상을 질식시키는 경화의 기능으로 변질될 수도 있는 것이다.

이러한 경화의 기능은 말이 삶의 근원에서 분리된 채 굳은 틀이 되었을 때 나타난다. 말이 결단, 약속, 혹은 설계로서 그것이 표현하려는 현실의 근원에 연결되어 있지 않고, 인간을 그 말의 실현을 지향한 긴장된 노력에로 몰아넣지 않을 때, 말이 하나의 분리된 틀로서 존재할 때, 그때 굳은 언어가 가지는 경화의 기능이 나타난다는 것이다. 이러한 말은 참으로 굳은 빈 껍질이다. 현실의 저항도, 설계와 실현의 긴장 관계도, 결단의 책임도 없는 빈 공간에서 마음대로 노래하고 집 짓는 빈 껍질들이다. 이러한 말들은 인간의 의식의 깊이도 삶의 생동성도 놓쳐 버리고, 바람에 나는 겨와 같이 요란스러운 소리와 더불어 굴러 다닌다. 사람이 그들의 그림자에 끌리게 되면 이러한 굳은 말들도 큰 힘을 가진다. 이와 같이 언어는 그 본질 속에 그의 창조적인 기능에서 경화의 기능에로 변질할 수 있는 가능성을 가졌다. 이런 변질의 가능성을 회피하기 위해서는 부단한 주의와 노력을 필요로 한다. 말을, 우리의 삶을 위한 그의 참다운 기능에서 파악하고 그의 창조력을 살리기 위해서 삶의 생동적인 근원에 연결시켜야 한다는 것이다. 그렇게 함으로써만 언어는 딱딱하게 굳은 도구가 아니고 살아 있는 말로서 그의 생명력을 보존한다.

우리는 지금까지 언어의 긍정적인 기능들이 부정적인 기능들로 변질될 수 있는 가능성이 있다는 것을 살펴보았다. 이러한 가능성은 언어의 본질 속에 주어져 있기 때문에 쉽게 회피하기는 어렵다. 바로 긍정적인 기능들의 뒷면이 또한 부정적인 위험이며 결함이기 때문이다. 그러므로 인간은 바르게 책임 있게 말하는 것을 배워야 한다. 문법적인 정확성과 아름다운 수식, 이것도 매우 중요하지만 여기서는 이것이 문제가 아니다. 대상의 정확하고 적절한 표현도 매우 중요하지만 여기서는 이것도 문제가 아니다. 여기에서 우리가 배워야 한다는 것은 하나의 기술을 말하는 것이 아니고, 전인적인 태도의 문제이며 우리의 사람됨의 문제이다. 비굴과 게으름의 장애를 극복하고, 전인적인 결단으로서의 자유롭고 책임 있는 말을 모험하고, 나의 말에 나의 속사람을 표현하고, 나의 말을 굳게 지키는 삶의 태도를 배워야 한다는 것이다.

인간은 창조적으로 이룩된 그의 윤리적인 실체를 지껄임이나 큰소리, 그리고 빈말이나 굳은 말을 통해서 상실해 버리게 된다. 이와 같은 말의 변질된 형태들 속에서 인간은 그의 실존을 잃어버리게 되고, 자기 자신을 구름과 같은 흐름 속에 놓쳐 버리게 된다. 이렇게 자기 자신을 놓쳐 버리는 과정에서 또한 참다운 삶의 현실도 잃어버리게 된다. 이러한 위험의 가능성은 크다. 왜냐하면 변질의 가능성은 밖에서 온 것이 아니고 언어의 본질 안에 주어져 있기 때문이다. 말의 변질을 회피하는 길은, 다만 전인적인 결단으로서의 말을 찾고, 그리고 말을 한다는 것이 창조적인 긴장과 고통을 동반한다는 것을 깨닫는 것이다.

13. 말과 교육

　지금까지 우리가 살펴본 바와 같이, 만일 언어가 사람의 생각을 뒤따라서 표현하는 도구에 지나지 않는 것이 아니고 그것을 함께 형성하는 기능을 가졌다면, 그리고 만일 언어가 외부적인 현실을 표시하는 단순한 도구가 아니고 그것을 언제나 일정한 방향에서 드러내고 특수하게 해석해서 표현함으로써 사실 그것을 창조하는 기능을 가졌다면, 또한 언어가 인간의 세계 이해와 자기 이해를 규정할 뿐만 아니라 입에서 떨어진 말의 되돌릴 수 없는 초시간성에 의해서 그의 윤리적인 실체로서의 동일성을 이룩하는 것이라면, 이것은 교육을 위해서 깊고 큰 의미를 갖는다. 언어가 교육을 위해서 가지는 이러한 새로운 의미를 고려해서 볼노오(Bollnow)는 교육에 있어서의 '언어의 복권(Rehabi-litierung des Wortes)' [1]에 관해서 말한다.

각급 학교에서 언어의 정확한 습득을 위해서 그렇게 많은 관심을 갖고 일반 학습 과정에서 언어 교육이 시간적으로도 큰 비중을 차지하고 있음에도 불구하고, 교육자들은 대체로 언어를 불신하고 가볍게 취급해 온 것이 사실이다. 그리고 위대한 교육학자들은 거듭거듭 언어에 치중하는 교육에 반대해서 싸웠다. 그들은 빈말보다는 실물이, 단순한 입놀림보다는 행동이 본질적으로 중요하다고 믿었기 때문이다. 페스탈로치(Pestalozzi)를 보기로 들면, 그는 교육이 '입놀림(Maulbrauchen)'을 가르쳐주는 것이어서는 안 된다고 꾸준히 주장했다. 페스탈로치가 반대하는 '입놀림'을 분석해 보면 두 가지 의미를 가졌다. 첫째로, 입놀림은 엄밀하고 책임 있는 말에 대해서 피상적이고 경솔한 지껄임을 의미한다. 여기서는 언어 생활에 나타나는 윤리적인 태도가 문제이다. 다음으로, 분명하고 정확한 '직관'에 대해서 불확실하고 애매한 언어 사용을 의미한다. 여기서는 정확한 인식 과정이 문제이다. 페스탈로치에 의하면 '직관에서 개념에로' 이르는 인식 과정은 인간의 모든 사유와 표현과 전체적인 정신 생활의 기초가 되는 것이라고 한다. 우리는 먼저 여기에서 이

---

1) O. F. Bollnow, *Sonderdruck aus der Ferstschrift zur Zehnjahres feier des Deutsch-Japanischen Kulturinstituts*, Kyoto, S. 48.

두번째의 문제, 곧 인식 과정의 문제를 연구해 보고, 다음으로 첫번째의 윤리적인 태도의 문제를 살펴보겠다. 어느 경우에 있어서나 우리의 언어철학적인 반성은 종래의 교육학의 통속적인 사상을 크게 시정할 것이다.

지금까지 교육학은, 언어를 그것과는 상관없이 이미 객관적으로 고정적인 형태로 존재하는 사물을 표시하는 도구로만 생각하는 그릇된 언어관에서 출발했기 때문에, 언어는 사물의 그림자에 불과하며 그 자체로서 중요성을 가질 수 없는 껍질에 지나지 않는다고 믿었다. 여기에서 다음과 같은 교육학적인 원칙이 나타났다. "먼저 사물 자체를, 그리고 다음에 그 사물의 양상을" 이라는 것이다.[2] 이것은 그 후 직관 교육의 원리로서, 교육이 다만 언어 전달에만 붙들려 있을 때에 언제나 이에 반대해서 거듭 거듭 주장되었다. 교육이 직관으로 채워지지 아니한 빈말들의 놀음이 안 되기 위해서는 먼저 사물 자체를 직관적으로 제시하고, 혹은 그 사물의 묘사로서 이를 대신하고, 그리고 이것을 자세히 관찰함으로써 분명한 정의를 내리고, 다음으로 여기에 그 이름으로서의 언어를 추가해야 한다는 것이다. 이 원리는 아주 당연하고 의심할 여지없이 분명한 것으로 생각되지만, 그러나 자세히 살펴보면 이 원리는 잘못된 인식론을 전제로 하고 있으

---

2) Ratichius의 원리 "Erst ein Ding an ihm selbst, hiernach die Weise von dem Ding"

며, 언어와 그것이 표현하는 사물과의 관계에 대한 일방적이고 그릇된 이해 위에 근거하고 있는 것이다. 우리는 이것을 자세히 분석하면서 연구해 보아야 하겠다.

먼저 직관 교육의 원리는 확실히 다음과 같은 점에서 정당하다. 곧, 말이라는 것은 말 자체를 위해서 있는 것이 아니고 그것이 표현하는 사물과의 관계에 있어서만 존재한다는 것이다. 그러나 먼저 사물이 있고 이에 뒤따라서 말이 나타난다는 일방적인 선후 관계는 잘못된 것이다. 사물은 말의 해석을 통해서 비로소 바로 그 특정한 사물로서 드러나기 때문에 말과 사물은 엄격하게 동시적인 것이다. 이런 의미에서 우리는 말과 사물의 관계를 동본원적이라고 주장한다. 그러므로 언어에 대해서 사물의 우위성을 주장하는 것도, 반대로 사물에 대해서 언어의 우위성을 주장하는 것도 잘못이다. 이제 언어와 사물의 대립을 지양하고 그 본원적인 통일성에서 양자를 파악하는 것이 정당하다. 그런데 이런 관계는 교육적인 입장에서 보면 더욱 복잡해진다. 어린 아이들은 말을 만드는 것이 아니고 말을 배우면서 주어져 있는 언어 세계 속으로 들어간다. 그리고 어린 아이들은 언어를 습득하면서 그 언어를 통해서 사물의 세계를 이해하기 시작한다. 여기에서 사물과 언어와의 관계는 반대로 뒤집혀진다. 어린 아이들에게 삶의 세계의 이해를 위한 통로를 열어 주는 것은 바로 언어이다. 낱말들을 통하여 사물을 배우고 언어를 통하여 세계를 인식하게 된다. 그러므로 어떤 의미에서는 여기에서 언어가 더 우위성을 갖는다.

여기에서 어린 아이들이 그들의 언어를 습득하는 과정을 자세히 살펴보자. 사람들은 흔히 통속적으로, 어린 아이들이 처음에 말을 배우는 것은 어른이 어떤 사물을 가리키면서 '저것은 무엇이다'라고 할 때 그 이름으로써 배우게 된다고 생각한다. 만일 그렇다면 그러한 최초의 언어 습득에 있어서는 직관 교육의 원리대로 사물의 우위성이 분명하다. 그러나 우리가 오늘날 아동 언어의 발전에 관한 연구를 통해서 알고 있는 한에 있어서는 최초의 언어 습득 과정이 어떤 것인지를 밝혀내지 못하고 있다. 그리고 이런 어둡고 신비스런 영역을 밝혀내기 어렵다는 것을 솔직히 인정해야 할 것이다. 그러나 다행히도 우리는 여기에서 그러한 최초의 언어 습득 과정을 꼭 알아야 하는 것은 아니다. 왜냐하면 어린 아이들이 한번 말을 배우기 시작하고 나면 그들의 언어 지식의 확대는 전연 다르게 전개되기 때문이다. 곧, 어린 아이들은 하나하나의 사물과 대조하면서 낱말들을 배우는 것이 아니고 이야기의 줄거리 속에서 낱말들을 익히고 알게 된다. 이야기의 줄거리를 통해서 처음 듣는 낱말의 뜻을 짐작하게 되고, 그 말을 다시 다른 이야기의 줄거리에서 들으면 그 뜻을 확인하고, 혹은 시정하고, 그리고 드물게는 그 애매한 뜻을 물어보기도 한다. 어린 아이들의 언어 습득은 현실적으로는 이와 같이 전개된다. 이렇게 이야기의 줄거리를 통해서 알게 된 낱말들은 어린 아이의 이해의 세계를 점점 넓혀 간다. 우리의 교육적인 관찰은 여기에서 출발해야 하며, 이러한 기반으로부터 언어 습득 과정을 자세히 살펴보아야 할 것이다.

보기를 들면 교사가 학생들에게 "이것은 사과입니다"라고 직관 교육의 원리에 따라서 사과를 한 알 내놓고 보여 주었다고 하자. 이러한 직관 교육은 우선 두 가지 종류의 학생들을 전제하고 있다는 것을 생각할 수 있다. 첫째로는 사과라는 과일을 본 일이 없고 사과라는 이름을 들은 일이 없는 학생과, 둘째로는 사과에 대해 막연하고 애매한 지식을 갖고 있는 학생들이다. 첫째 경우는 하나의 극단적인 경우이고, 둘째 경우에 직관 교육의 목적은 막연하고 애매한 지식을 직관을 통해서 확실하고 분명한 지식으로 바꾸자는 것이다. 첫째 경우에 교사는 사과라는 과일을 처음 보고 사과라는 말을 처음 듣는 학생들에게 그것이 과일의 한 종류라는 것을 설명해 주어야 할 것이다. 그런데 이것은 학생들이 과일이라는 말에 대한 지식을 가진다는 것을 전제하는 것이다. 과일이 무엇인지를 알려 주기 위해서 다시 몇 개의 사과와 배와 감과 복숭아와 자두를 쌓아 올려 놓고 "이것이 과일이다"라고 알려 주는 것은 무의미하다. 그러므로 첫째 경우나 둘째 경우나 교사는 이미 학생들이 갖고 있는 언어 지식을 전제하고 거기에 의존한다. 페스탈로치가 그렇게도 교육에 있어서 빈말들과 입놀림에 대해서 반대한 뜻에 우리는 찬동하고 또한 직관 교육의 원리는 정당한 것이지만, 직관에서 개념에로 그리고 그 다음에 언어의 표현이라는 순서는 잘못된 것이다.

오히려 앞선 언어를 직관을 통해서 현실로 채우는 것이 정당하다.

한걸음 더 나아가서 자세히 살펴보면 직관을 위해서 제시할 수 있는 것은 이름을 가진 것뿐이다. 그런데 이미 말한 바와 같이 모든 언어가 이름은 아니다. 이름씨뿐만 아니라 모든 언어가 일정한 사물이나 상황, 동작 등에 대한 이름이라고 생각하는 것은 잘못이다. 언어는 일정한 물체와 사실, 상황, 동작 등을 그대로 표시하는 것이 아니고 그것들을 특수한 각도에서 표현하고 특수한 입장에서 의미하는 것이다. 그러므로 언어는 이름이 아니고 '구념'이다. 이 구념을 통해서 물체도 일정한 각도에서 이해되고, 사실과 상황은 일정한 입장에서 드러나고, 동작도 일정한 뜻에서 밝혀진다. 따라서 그러한 물체나 사실이나 상황이나 동작이나 언어를 통한 표현 이전에 이미 객관적으로 그리고 고정적으로 드러나 있는 것은 아니다. 이름에도 또한 여러 가지가 있다. 고유명사와 물질명사, 그리고 여러 가지 종류의 보통명사와 추상명사 등이 있다. 어느 것이 본래적인 의미에서의 객관적인 사물의 이름이며 어디서부터가 구념인가의 한계선은 분명하지 않다. 본래적인 의미에서 이름이라고 할 수 있는 말들의 경우 그 이름이 표시하는 사물을 먼저 직관을 위해서 제시할 수 있겠지만, 대부분의 언어들 그리고 명사들까지도 그 언어를 통해서 비로소 사물이 일정한 각도와 입장에서 특수하게 드러나게 하는 구념이기 때문에 먼저 사물을 제시할 수는 없다. 보기를 들면 '책상'이라는 말은 이름씨이다. 그러나 책상은 일정한 고정적인 물체의 이름은 아니다. 직관 교육의 원리에 의해서 교사가 교사용 '교탁'을 "이것이 책상이다"라고 한다면 엄격한 의미에선 잘못이며 '책상'을 학생들에게 완전히 가르쳐 준 것이 못 된다. 책상에는 수없이 많은 종류의 모양들과 여러 가지 성질의 것들이 있다. 그렇다고 해서 책을 올려 놓고 쓸 수 있는 모든 것을 책상이라고 할 수도 없다. 식탁 위에 책을 올려 놓고 쓸 수도 있기 때문이다. '책상'이라는 간단한 말도 이것은 본래적인 의미에서 일정한 물체를 제시할 수 있는 이름은 아니고 구념이다. 그러므로 교사는 이 구념으로서의 말을 되풀이해서 해석학적으로 설명해야 할 것이다. 정신적인 영역들, 특히 인간의 의식의 깊은 곳을 표현하는 말들의 경우는 더 말할 나위도 없다.

교육적으로 이것은 중대한 의미를 가졌다. 만일 말이 소위 구념이며 그것은 현실을 늘 일정한 모습으로 드러내고 특수하게 이해하게 하는 것이라면, 인간의 모든 이해와 지식이 언어의 영역 안에서 움직이는 것이라면, 인간이 배우는 언어가 어떤 종류의 것이며 얼마나 정확한 것이냐는 것은 교육적으로 중대한 문제이다. 한사람의 언어가 어떤 것이냐에 따라서 그 사람의 삶의 세계가 어떤 것이냐가 결정된다. 이렇게 해서 언어 교육의 문제는 사실은 교육의 핵심 문제이다. 한 사람의 언어의 모습을 따라서 그 사람이 이해하는 세계의 모습이 형성된다면, 언어를 풍부하고 정확하게 배운다는 것은 그 사람의 삶의 세계를 풍부하게 하고 명확하게 하는 것이다. 외부적인 삶의 세계뿐만 아니라 내부적인 정신 세계도 마찬가지다. 어린 아이가 언어를 통해서 환경을 표현하고 파악하는 것에 따라서 그의 삶의 세계가 구성되는 것처럼, 그의 내부적인 정신 세계도 언어적인 표현을 통해서 분명하게 형성되며 언어 습득과 더불어 자라난다. 기쁨과 슬픔, 사랑과 미움, 인내와 권태, 희망과 절망, 그리고 정직, 절제, 그리움, 불안 등, 이러한 인간의 정신 세계는 이러한 언어에 따라서 이룩된다. 물론 이것은 이러한 언어들이 무에서 그러한 정신들을 불러일으킨다는 것은 아니다. 언어적인 표현 이전에 인간의 정신 생활 속에 그 무엇이 있었을 것이다. 그러나 그 무엇은 애매하고 막연해서 형태도 없고 붙들 수도 없는 것이다. 그 무엇은 언어의 표현 형식과 결부되면서 그의 형태를 이룩하고 참다운 의미에서 하나의 사실로서 드러날 것이다. 그러므로 언어 교육의 문제는 단순히 풍부한 낱말과 정확한 문법을 위한 교육도 아니고, 단순한 지식 전달의 수단을 위한 교육도 아니고, 우리의 모든 지식 체계를 위한 이해 지평의 형성에 관한 문제이며, 더 나아가서는 우리의 근본적인 사람됨의 문제이다. 직관 교육의 원리 그 자체는 옳은 것이지만, 그것이 전제하고 있는 언어관이나 이와 관련된 인식론은 잘못된 것이며, 만일 그것이 조금이라도 언어를 등한시하는 것이라면 더욱이나 잘못된 것이다. 언어 교육은 교육의 핵심이다.

우리는 지금까지 페스탈로치가 직관 교육의 원리를 내세우면서 반대한 '입놀림'을 인식론적인 면에서 살펴보았는데, 이제 윤리적인 면에서 살펴보자. 입놀림은 엄밀하고 책임 있는 언어 사용과 구별되는 피상적이고 경솔한 언어 사용을 의미한다. 책임을 질 수 없는, 그리고 실행이 따르지 않는 말을 입놀림이라고 한다. 그래서 말이 앞서는 것은 늘 윤리적으로 비판의 대상이 된다. 그러나 과연 언어는, 우리의 윤리 생활을 위해서 부정적인 것은 아니라 할지라도 그리 중요한 가치가 없는 것일까? 피상적이고 경솔한 언어 사용을 페스탈로찌가 반대한 것은 두말할 것도 없이 정당하다. 그러나 만일 그것이 인간의 윤리 생활에서 언어의 중요성을 부인한다면 이는 잘못이다. 이미 논한 바와 같이 인간의 내부적인 정신 세계가 언어에 의해서 이룩되는 것이라면 인간의 윤리 생활을 위한 언어의 의미는 참으로 중대한 것이라고 할 수 있다. 보기를 들면 '정직'이니 '성실'이니 하는 말들은 인간의 어떠한 일정하고 고정적인 성품을 표시하는 것이 아니고 이러한 성품이 그 말들이 열어 주는 테두리 안에서 형성된다는 것이다. 물론 인간의 성품이 수동적으로 그를 구속하는 말들의 테두리 속으로 자라나기만 하는 것은 아니다. 인간은 스스로의 결단에 의해서 주어진 말들의 형식들을 선택하고, 받아들이고, 늘 새롭게 해석하고, 실현하곤 한다.

언어가 이와 같이 인간의 윤리 생활에 크게 영향을 주는 것이라면, 동요와 시조, 서정시와 소설뿐만 아니라 격언과 속담, 표어 등이 자라나는 어린 아이들의 성품뿐만 아니라 성인들의 정신 생활에도 크게 작용할 것이라는 것은 명백한 사실이다. 이 모든 것은 우리 앞에 일정한 형식의 가능성들을 제시하고, 우리의 삶의 태도와 성품과 인격은 그 가능성들의 틀에 흘러 들어가서 형성된다. 여기에서 우리가 흔히 등한히 할 수 있는 교육의 과제가 나타난다. 언어의 적극적이고 긍정적인 영향을 조성하고 위험스럽고 파괴적인 영향을 멀리해서 자라나는 어린 아이들을 보호해야 하는 것이다. 언어의 부정적인 유혹에 대항해서 독자적인 인격을 지키는 힘을 기르는 것도 교육적으로 연구해야 할 중요한 문제이다. 대중을 뒤흔드는 위험스러운 구호와 시대를 휩쓸어 가는 유행스러운 속담 등에 대해서 자기 자신의 자주적인 위치를 지킬 수 있는 지혜와 힘을 준비한다는 것은 교육적으로 중대한 과제이다.

인간의 윤리 생활을 위한 객관적인 언어와 여러 가지 언어적인 구조들의 작용에 대한 관찰을 토대로 해서 이제 우리는 언어 표현, 곧 사람의 입에서 떨어지는 말이 그의 사람됨의 윤리적인 발전을 위해서 갖는 의미를 살펴보아야 하겠다. 우리가 여기에서 먼저 알아야 할 것은, 인간은 그의 언어 표현을 통해서만 윤리적인 존재가 될 수 있다는 것이다. 인간은 언어 표현의 존재이기 때문에 윤리적인 존재이다. 따라서 인간의 삶의 윤리성은 언어와 밀접하게 관련되어 있으며, 언어 표현은 처음부터 하나의 윤리적인 현상이다. 왜냐하면 모든 언어 표현은 하나의 되돌릴 수 없는 사건이기 때문이다. 사람의 입에서 떨어지는 모든 말은, 그러므로 하나의 시간의 흐름을 초월한 사실을 이룩한다. 이미 논한 바와 같이 약속의 현상은 가장 뚜렷한 보기가 된다. 육체, 심리, 환경, 기분, 의지, 상황이 끊임없이 변하는 인간이 약속을 할 수 있다는 것은 이 모든 변화를 초월해서 미래를 앞질러 결정할 수 있다는 것이며, 이것은 곧 인간이 쉴사이 없는 삶의 흐름에 맞서서 초시간적인 윤리적 실체를 이룩할 수 있다는 것을 뜻한다. 그런데 이러한 초시간적인 윤리적 '실체'는 자연적인 '실재'로서 주어져 있는 것이 아니고, 인간이 그의 책임 있는 말에 대한 성실성을 통해서 창조하는 것이다. 곧, 인간은 그의 말을 통해서 그의 최종적인 실체를 이룩한다. 그러므로 만일 인간이 그의 실체를 상실하지 않으려면 그의 입에서 떨어진 되돌릴 수 없는 말을 굳게 지켜야 한다. 여기에 윤리 교육을 위한 말의 위대한 의미가 있다. 약속의 현상은 하나의 뚜렷한 보기에 지나지 않으며, 사실 인간의 입에서 떨어지는 모든 말은 약속과 비슷한 성격을 가졌다.

다른 보기를 들면, 욕하는 말이나 극단의 것으로는 저주의 말이 있다. 우리는 흔히 안일하게 말로써 이웃을 모욕하고 혹은 말로써 남을 저주하고도 사과하든지 취소하면 그만이라고 생각한다. 적극적으로 사과하고 취소해도 한번 입에서 떨어져 나간 말은 하나의 초시간적인 사실로서 되돌릴 수 없으며 따라서 어디엔가 남아 있다. 교사가 한 학생을 어떤 우연한 기회에 다른 학생들 앞에서 '좀도둑' 이라고 불렀다고 하자. 그러면 그 학생에게는 일평생 '좀도둑' 이라는 말이 따라다니면서 그를 보는 사람들의 눈의 각도를 결정한다. 특히 자라나는 어린 아이들에 대한 욕이나 저주는 교육적으로 무서운 결과를 가져온다. 내가 이렇게 주장하는 것은 언령 사상에 의한 언어의 마술적인 힘을 뜻하는 것이 아니고, 입에서 떨어진 말의 되돌릴 수 없는 성격과 일정한 형태의 틀로서의 말이 형태가 없는 유동적인 삶의 흐름에 미치는 영향을 고려할 때 필연적으로 나타나게 되는 주장이다. 일정한 모습의 틀이 유동적인 무형의 현상 앞에 제시되면 그 현상이 틀의 모습으로 실현된다. 말은 삶에 대해서 그런 작용을 한다. 우리말 속담에 "말이 씨 된다"고 한다. 말이 씨가 되어 그것이 현실로서 자라난다는 것이다. 남을 모욕했을 때는 다시 분명한 말로 사과해야 하겠지만, 그래도 그를 모욕한 말은 이미 불변의 사실로서 남는다면 우리는 얼마나 말에 신중해야 하겠는가를 알 수 있다.

고운말쓰기 운동 같은 것은, 그러므로 단순히 의사 표시의 도구를 곱게 다듬는다는 것만이 아니고 사실은 그것이 바로 훌륭한 사람됨의 운동이다. 다만 그것이 빈말들의 아름다운 꾸밈으로 타락하지 않고 알맹이 있는 말들의 책임 있고 정확한 사용이 되어야 된다는 조건이 필요하다. 이렇게 언어 교육의 문제는 교육에 있어서 지금까지 상상하지 못할 만큼 깊고 넓은 새로운 문제들을 제시한다. 다시 말하면, 언어는 인간의 외부적인 이해의 세계를 구성하고 내면적인 정신의 세계를 이룩할 뿐만 아니라 인간의 윤리적인 실체를 창조한다. 여기에 언어 교육의 중대한 의의가 드러난다.

14. 말과 철학

철학은 삶의 세계에 대한 포괄적이고 근본적인 이해를 위한 학문이다. 그러므로 만일 인간의 사유와 모든 이해가 필연적으로 언어에 의해서 이끌리는 것이라면 철학은 언어를 그 창조적인 기능에 있어서 다시 관찰해야 할 것이다. 철학은 사실 언제나 일정한 언어와 불가분으로, 그리고 본질적으로 결합되어 있다. 우리가 흔히 지금까지 생각했던 것과는 반대로 모든 본원적인 철학은 일정한 원어에 담긴 채 다른 언어로 번역되기 어려운 성격을 가졌다. 일정한 원어에서 나타난 그의 첫 객관적인 모습에 있어서만 그 본원적인 철학은 순수하게 이해될 수 있다. 모든 번역 전달은 그것이 본원적인 이해를 위해서 길을 열어 주는 것이 아니라면 오히려 변질을 가져올 뿐이다. 철학은 그 역사적인 언어와 본질적으로 결합되어 있기 때문에 철학적인 모든 사상은 모든 다른 언어로 꼭 같이 표현될 수 있는 것은 아니다. 그 사상을 하나의 다른 언어로 번역하는 데 성공했다 하더라도, 그것은 처음에는 다른 언어로써는 발견될 수 없는 성격의 것임에 틀림없다. 모든 민족의 언어들이 철학하는 데 적합한 언어들은 아니라는 것을 우리는 벌써 알고 있었다. 철학은 그 원어에 담긴 단순한 외부적인 표현의 특징이 아니고 그 본질적인 특징을 갖는다. 그러므로 다른 언어로 옮기면 이 본질적인 특징을 잃어버린다.

야스퍼스(Jaspers)에 의하면 인류의 철학은 원래 세 가지 언어들 속에서 자라났다고 한다.[1] 희랍말, 인도말, 중국말의 세 가지 언어를 통해서 삶의 세계를 포괄적으로 밝히려는 작업이 처음으로 시작되었다는 것이다. 여기에서 어떤 철학적인 직관이 언어에 담겨서 개념으로 나타난 것은 일회적인 역사적 사건이었다. 따라서 다른 곳들에서 임의로 되풀이될 수는 없는 것이었다. 다른 언어들에 담긴 모든 철학들은 이 세 가지 철학적인 원어들의 번역을 근거로 해서 자라났다. 오늘날도 우리의 철학은 참신하고 독자적인 직관으로부터만 전개되는 것이 아니고, 앞에 말한 세 가지 원어들에서 계승된 개념들의 인도 아래 전개된다.

---

1) K. Jaspers, *Die Sprache*, München, 1964, S. 63.

계승된 개념들은 흔히 딱딱하게 굳어져서 그 본원적인 생명을 잃어버리고 편리하게만 이해되며 바른 의미들은 상실하게 된다. 그리고 그 본원적인 생명의 신선함을 그대로 되찾기는 힘들다. 그러므로 철학적인 사유는 이렇게 딱딱하게 굳은 개념들의 틀을 부드럽게 하고 새로운 생동성을 갖게 해서 독자적인 직관을 드러내어 새로운 사상을 표현하려고 한다. 원어들에 담겨진 개념들 자체가 경화하고 변질하기 때문에, 번역도 그 본원적인 의미를 지향하면서 잘하게 되면 번역을 통해서 새로운 본질적인 생명이 탄생할 수 있다. 그렇게 되면 이 번역된 언어는 스스로 철학적으로 깊어지고 풍부해진다. 그러므로 번역을 통해서 번역될 수 없는 그 본원성이 상실되는 것은 사실이지만, 훌륭한 번역을 통해서는 원어에 숨어 있었던 제2의 본원성이 탄생하게 되어 그 언어는 더 풍부함과 깊이를 얻게 된다.

서양 철학에서는 이와 같은 번역 과정이 아주 뚜렷하게 생산적으로 진행되었다. 희랍말에서 라틴말로, 그리고 이 두 가지 말들에서 영국말, 독일말, 프랑스말로 번역되었다. 특히 독일말은 위대한 철학자들을 통해서 그 철학적인 깊이와 창조적인 힘에 있어서 철학의 새로운 원어로서 등장하는 데 성공했다. 동양 철학에 있어서는 그러한 번역 과정이 생산적으로 진행되지 못했다. 지금도 우리들과 일본 사람들은 한자어의 도움이 없이는 철학하지 못하는 것으로 되어 있어서 서양 철학의 번역도 한자를 가지고 조작한다. 물론 완전히 우리의 전통과 삶에 동화된 한자어의 낱말들은 우리말이 된 것이지만, 그렇지 않을 때는 철학적인 개념을 표현할 그릇으로서의 가치는 없다. 우리는 전통적으로 한자어를 통해서 철학했기 때문에 전통을 계승하기 위해서 우리의 삶 속에 살아 있는 우리말로 그것을 번역하고, 현대 문명의 기반이 된 서양 철학도 살아 있는 우리말로 훌륭하게 번역할 뿐만 아니라 우리의 독자적이고 참신한 직관을 우리말을 통해서 드러내고 발전시키는 일이 우리 철학의 큰 과제이다.

이렇게 해서 우리말을 통한 우리 철학의 기반을 닦을 수 있다면 이것이야말로 우리 겨레의 문화적이고 역사적인 주체성을 세우는 든든하고 확실한 유일의 길이다. 우리말은 아직도 불규칙적이기 때문에 원시적이라고 한다. 그러나 그 반면에 우리말은 섬세한 표현 형식들을 위한 가능성을 지니고 있다. 원시적이라는 것은 사실 우리말이 창조적인 생명력을 간직하고 있음을 뜻한다. 섬세한 표현 형식은 높은 정신적인 세계에 도달할 수 있는 가능성을 말한다. 우리말은 다른 언어들에 비해서 여러 가지 결함도 가졌지만 또한 반대로 가장 풍부한 말이며, 아주 불규칙적이지만 놀랄 만한 넓이와 깊이를 가진 말이다. 아직도 모든 개인은 그 속에서 자기 자신의 언어를 발견할 수 있으며, 따라서 그 속에서 철학적인 언어가 발굴되고 다듬어질 가능성이 있다. 우리말 속에 철학의 기반을 마련하는 일은 우리 겨레의 문화적이고 역사적인 운명을 위해서는 죽음과 삶의 문제이다.

이를 위해서 우리는 우리말의 문법과 낱말들과 특이한 은유들, 그리고 언어 표현의 전체적인 형식 등을 살펴보아야 한다. 왜냐하면 문법은 사유의 논리의 원칙이며, 낱말들은 사상 내용의 그릇이며, 그리고 철학은 표상과 비유를 잘 이용하기 때문에 은유에 특별한 관심을 갖는 것이고, 언어 표현의 전체적인 형식은 철학의 양상을 결정하기 때문이다. 여기에서 비교언어학과의 공동 작업이 절실하게 요청된다. 우리가 배운 서양 철학의 논리학은 인도 유럽말의 문법에 이끌리어 성립되었다는 것은 이미 논한 바 있다. 그러므로 그것은 우리가 우리말로 사유하는 데 있어서는 제1차적인 적극적인 도움이 되지는 못한다. 이제 우리는 우리말 문법에서 올바른 논리를 찾아내고 우리말을 다시 논리적으로 성장시킬 필요가 있다. 그리고 우리가 알아야 할 것은 형식 논리의 규칙에 어긋나는 것이 반드시 그 말의 결함이라고 할 수는 없다는 것이다. 정확한 규칙에 사로잡히지 않는 것이 오히려 철학의 무의식적인 심층을 간직할 수 있기 때문이다. 헤겔(Hegel)은 언어에 있어서 비논리적이라고 지적되는 것도 오히려 '언어의 의미있는 놀음(sinniges Spiel der Sprache)'으로 이해되어야 한다고 하면서, 그러한 비논리적이라고 지적되는 언어구조를 그의 사상을 설명하는 데 이용했다.[2]

그리고 우리는 흔히 우리의 낡은 낱말들을 현대적인 새로운

---

2) Hegel의 변증법의 제1 명제. Das Sein ist das Nichts는 형식논리학에 의하면 비논리적이다.

사상을 담을 수 없는 헌 포대처럼 멸시한다. 그러나 위대한 철학자들은 오랜 낡은 말들을 통해서 새로운 의미를 창조했다. 이런 말들은 처음에는 이상하게 들릴는지 몰라도 점차 익숙해지고 이해되면 드디어는 자명한 뜻 있는 말들이 될 수 있다. 보기를 들면, 칸트(Kant)의 '이념(Idee)'이라는 말은 플라톤(Platon)이 사용한 희랍말이었는데, 그 후 죽은 말처럼 굳어 버렸던 것을 새로운 의미를 담아서 부활시킨 것이다. 키에르케고르(kierkegaard)의 '실존(Existenz)'이라는 말도 종래의 서양 철학이 전통적으로 사용해 오던 existentia라는 라틴말에 실존 철학적인 개념을 담아서 새로운 의미를 창조한 것이다. 현대 물리학의 '원자(Atom)'라는 말도 희랍의 자연철학자들이 사용하던 낡은 말인데, 그 동안 줄곧 여러 가지 의미들로 사용되어 오다가 오늘날에 와서는 물리학의 기초 개념을 표현하는 말이 되었다. 그것은 처음부터 오늘날처럼 과학적으로 다듬어진 말은 아니었다. 우리가 흔히 비논리적이니 혹은 비과학적이라고 해서 돌보지 않는 전통적인 말들 속에는 우리 겨레의 정신 생활과 더불어 자라난 숨은 의미가 담겨 있을 수 있다. 그것을 철학적인 직관으로 드러내어 논리적으로 전개시키는 것이 중요하다. 물론 철학적인 의미를 표현할 수 있는 낡고 오래된 말들은 굳어버린 틀처럼 우리의 사유를 구속해서 경화시킬 가능성도 있다. 그러므로 그런 말들은 그 원초적인 생동성을 되살리면서 새로운 깊이를 드러내도록 해야 할 것이다.

철학하는 데 있어서 중요한 것은 말의 생동성을 살리고 그 창조적인 힘을 충분히 발휘시키는 것이다. 말은 그 겨레의 삶의 역사 속에서 자라난 정신적인 깊이를 간직하고 있을 뿐만 아니라 미래를 형성할 수 있는 가능성을 열어 준다. 말은 그 자체가 고정적인 하나의 의미를 가진 것이 아니고 사용하는 데 따라서 새로운 의미를 갖게 된다. 그리고 또한 철학적인 의미를 표현하는 말들도 곧 통속적인 유행말로 경화되어 그 생동성과 깊이를 잃어버리고 그 의미를 변질시킬 수도 있다는 점에 주의할 필요가 있다. 그러므로 철학자는 알맞는 말의 발견을 통해서 큰 즐거움을 맛보기도 하지만 말의 경화와 의미 상실을 통해서 큰 고통을 경험하기도 한다. 그런데 철학적인 표현뿐만 아니라 모든 언어 생활에 있어서 이러한 경화와 의미 상실을 완전히 회피할 수는 없다는 데에 말의 숙명이 있다. 따라서 우리는 말을 중요하게 다루지 않을 수 없지만 그것은 또한 언제나 이른바 '말장난' 으로 타락할 수도 있다는 것을 알아야 한다. 말장난으로의 타락을 막기 위해서 우리는 말을 위한 말에 관심을 가질 것이 아니라, 말을 통하지 않고는 드러날 수도 없고 파악될 수도 없는 현실, 그러나 또한 굳은 말의 틀 안에만 머물러 있을 수 없는 현실을 지향하면서 말을 다루어야 한다.

말이 표현하는 이른바 '현실' 을 꼭 물체적으로만 이해하는 사람들은 그러한 '물체' 에 붙는 꼬리표처럼 의미를 고정시키고 일의적으로 정의하려고 하는데, 이것은 큰 잘못이다. 인간이 이해하는 현실이 파악될 수 있는 모습으로 드러나고 그 끝없는 깊이가 거듭거듭 밝혀지는 것은 일의적으로 고정시킬 수 없는 생동적인 힘에 의한 것이다. 스스로 과학적이라는 환각에 사로잡힌 일부 현대 철학자들이 모든 중요한 말들을 일의적으로 규정하고 더 나아가서는 그것들을 고정적인 기호로써 대신하려고 하는데, 그들은 현실의 복잡한 구조와 생동적인 깊이에 대해서 눈먼 장님들이며, 말의 생산적인 다의성(多義性)을 결함이라고 생각할 만큼 저들의 철학적인 통찰은 무디다. 그들은 스스로 자부하는 것보다 사실은 덜 비판적이고 덜 철저하다. 말을 일의적으로 고정시키고 나면 그 말은 이미 생산적인 힘을 잃어버리게 되고 현실은 이미 그 말을 떠난다. 그러므로 말을 일의적으로 고정시킴으로써 명확성을 확보하려는 것은 너무 안일한 방법이다. 오히려 말이 어떤 특수하고 일회적인 상황 아래서 그의 생산적인 힘을 올바르게 발휘하게 되면 빛날 수 있고 그 빛 아래서 명확성을 확보할 수 있게 된다.

우리의 삶의 역사 속에서 자라나고, 우리의 삶의 현실을 드러내고, 밝히고, 창조하는, 그리고 우리의 정신 생활과 더불어 살아 있는 우리의 말을 떠나서 참다운 생명 있는 철학은 나타날 수도 없고 전개될 수도 없다. 살아 있는 말은 사물을 우리 이해의 세계 안에 정리해서 '표시하는 힘' 뿐만 아니라 사물을 언제나 일정한 각도에서 드러내는 '표현하는 힘'을 가졌으며 또한 현실의 숨은 깊이를 밝히는 '창조하는 힘'을 가졌다. 말은 우리의 논리적인 이성의 조작품이 아니고, 우리의 역사적인 삶의 피조물인 동시에 우리의 역사적인 삶의 창조주이다. 우리는 말을 통해서만 외부적인 현실을 구성하고 내면적인 현실을 이룩하고 자아의 실체를 창조하기 때문이다. 우리는 말 이전의 현실을 모른다. 그것은 어둠이며 혼돈이다. 말을 통해서 이 어둠과 혼돈 속에 빛이 나타나고, 이 빛을 통해서 우리의 세계가 드러나고 현실이 창조되었다. 그리고 우리는 말을 따라서 생각하고, 말의 빛을 밝힘으로써 알게 되고, 말의 울타리 안에서 살면서 더 깊은 현실을 지향해서 낡은 말을 넘어서 새로운 말을 그리워한다. 말은 이렇게 우리의 얼의 집이다. 따라서 말은 우리의 얼의 빛을 발하고 얼의 생명이 거기에 깃들고 있다.

15. 말놀이의 모델

삶은 사람과 사람 사이의 공동의 놀이이다. 이 세상에 혼자 살 수 있는 사람은 아무도 없다. 삶은 언제나 여러 사람들의 공동 놀이이다. 그런데 사람과 사람을 연결시키고 사람과 사람을 서로 이해시키고, 그렇게 함으로써 삶을 가능하게 만드는 것은 말이다. 말이 없으면 사람과 사람 사이의 공동의 삶은 성립될 수가 없다. 사람과 사람사이에 상호 행동(相互行動)과 상호 작용이 가능한 것은 말의 문법적 규칙이 의사소통의 질서를 잡아 주기 때문이다. 따라서 삶은 말놀이라고 할 수 있다. 말놀이의 규칙은 바로 사람과 사람 사이의 의사소통의 질서이고 이것이 바로 삶의 질서이다. 따라서 우리는 말놀이의 규칙을 분석함으로써 인간의 사회적인 행동의 법칙을 추구할 수 있다. 여기에 인간의 사회적인 행동에 대한 새로운 하나의 접근법이 나타난다. '말놀이'라는 개념의 창시자인 비트겐슈타인(Wittgenstein)은 인간들의 사회적 의사소통을 규제하는 일상 언어의 문법 속에서 인간들의 삶의 형식들을 구성하는 규칙을 발견할 수 있다고 믿었다.

비트겐슈타인이 말하는 '말놀이(language games)'가 무엇인지 한마디로 정의하기는 어렵다. 비트겐슈타인 자신이 그러한 '정의'를 회피했기 때문이다. 그러나 말놀이라고 하는 것이 다름아닌 현실적으로 살아 있는 언어 현상을 말하는 것은 틀림없다. 비트겐슈타인은 그의 철학 활동의 초기에 추구했던 자연과학적인 보편 언어가 현실적으로 찾아질 수 없다는 것을 깨닫고 우리가 일상 생활에서 사용하는 일상 언어로 돌아오면서 말놀이의 모델을 내세웠었다. 그러므로 말놀이라는 것은 엄격하게 정의될 수 있는 개념이라기보다는 일상적인 언어 생활 그 자체를 뜻하는 것이라고 할 수 있다.

비트겐슈타인 자신의 말놀이에 대한 설명은 다음과 같다.[1] "나는 어떻게 삶에 있어서 다른 사람들과의 상호 이해의 체계 안에 들어갈 수 있는가? 상호 이해의 체계 안에 들어가는 것은

---

1) Wittgenstein, *Philosophical Investigations*, 독어판, Frankfrut, 1960, No. 7., S. 49.

어떤 놀이(game)에 참여하는 것과 마찬가지인데, 놀이라는 것은 그것이 가지는 규칙들로 인해서 놀이가 된다. 그 규칙들을 근거로 해서 나는 그 놀이에 참여할 수 있다. 그 규칙들이 그 놀이를 의미있게 한다." 그런데 인간이 그의 삶에서 이해할 수 없는 문제에 부딪히는 것은 그가 많은 놀이들 중에 어떤 놀이를 하고 있는지 모르기 때문이다. 따라서 인간이 그가 참여하고 있는 놀이의 성격을 잘 모르고 그 규칙을 완전히 체험하지 못할 때 철학적인 문제가 제시된다. 그러므로 "모든 철학적인 문제는, '나는 잘 모르겠다'라는 형식을 갖는다."[2] 비트겐슈타인이 여기에서 철학적 문제의 성격을 밝힌 것은 매우 흥미롭다. 인간이 그의 삶의 말놀이에 익숙하게 말려들어 가서 그 놀이들을 아무 거침없이 하고 있으면 철학의 문제는 나타나지 않는다. 삶의 놀이들, 곧 말놀이들에 익숙하지 못할 때 "나는 잘 모르겠다"라는 문제가 생겨난다. 이것이 철학적 문제의 형식이라는 것이다.

삶에는 많은 놀이들이 있고, 그것들은 모두 각각 특이한 규칙들을 가지고 있다. 많은 기호들, 낱말들, 문장들은 일정한 놀이 안에서만 이른바 의미를 갖는다. 그것은 마치 장기의 판 위에서만, 그리고 장기의 규칙에 의해서만 '馬'나 '車'가 의미를 갖는 것과 같다. 그리고 놀이들의 다양성은 고정적인 것이 아니다.

2) 같은 책, No. 123., S. 49.

삶의 상황에 따라서 늘 새로운 놀이들, 늘 새로운 언어들이 나타나고 낡은 놀이들, 낡은 언어들은 사라진다. 비트겐슈타인은 언어들을 위한 하나의 순수한 논리, 곧 이상적이고 보편적인 하나의 순수한 말놀이를 여기에서 거부한다.

모든 말놀이의 체계는 그 자체 안에 그 의미를 갖고 있다. 그래서 보기를 들면, 과학도 여러 가지 말놀이들로 구분되기는 하지만 과학적인 말놀이들에는 어떤 공통적인 규칙들이 있다고 하면, 그 과학적인 말놀이들의 규칙들을 가지고 예술의 말놀이들이나 종교의 말놀이들을 비판하지는 못한다. 그것은 마치 축구의 심판이 축구의 규칙을 가지고 야구나 농구를 심판하려는 것과 마찬가지다. 실증주의적인 언어 분석의 과오가 여기에 있다. 예술의 말놀이들과 종교의 말놀이들은 그 자신의 체계들 안에 스스로의 의미를 가졌다. 따라서 예술의 언어나 종교의 언어가 과학의 언어와 다르다고 해서 무의미한 것이라고 할 수는 없다. 모든 언어들을 지배하는 하나의 논리적 이성이 있다든지, 혹은 어떤 하나의 언어가 다른 언어보다 더 발전한 단계라든지, 어떤 하나의 언어가 다른 언어보다 이 세계를 더 완전하게 묘사한다는 등의 사상은 비트겐슈타인의 말놀이의 개념에서는 찾아볼 수 없다. 장기나 축구는 놀이로서 완전한 것이다. 야구가 농구보다 더 완전한 것도 아니고 덜 완전한 것도 아니다. 그것들은 그것들대로 완전한 놀이들이다.

말놀이에서는 기초들, 낱말들, 문장들의 의미와 그것들을 다루는 인간의 행동이 불가분의 것으로 연결된다. 장기 놀이에서 '馬'나 '車'가 무엇을 뜻하는가 하는 것은, 그것들을 사용할 줄 아는 사람에게만 이해되고 그것을 사용하는 사람에게만 드러난다. 어떤 이름도 그것을 사용할 줄 알고 그것으로 무엇인가를 시작할 수 있는 사람에게만 뜻 있게 이해된다.[3] 비트겐슈타인의 말놀이 개념의 특징은 언어학의 이론과 삶의 행동이 이 말놀이를 통해서 결합되어 있는 데 있다. 추상적인 이론과 구체적인 행동의 대립이 여기에서 극복되어 있다는 것이다. 따라서 비트겐슈타인은 말놀이의 개념을 통해서 '언어의 형식(form of language)'이 곧 삶의 형식(form of life)이라는 명제에 도달할 수 있게 되었다. 말놀이의 개념에 의하면 말놀이들의 규칙들과 인간의 사회적인 행동 방식들은 서로 분리될 수 없다.

  말놀이들이 아무리 여러 가지 모습들과 여러 가지 성격들을 가졌더라도, 그리고 언어들의 사용 방식이 거의 무한히 복잡하다 할지라도, 말놀이의 규칙들이 그렇게도 다양하다 할지라도 이 모든 모습들과 성격들과 방식들과 규칙들이 항상 거기에 근거하게 되는 하나의 기반, 곧 이 모든 것들이 거기에 연결되는 하나의 체계, 다시 말하면 하나의 '관련 체계'가 있다. 이러한 하나의 관련 체계가 바로 비트겐슈타인이 『철학적 탐구』에서 말하는 '하나의 공동의 인간적인 행동 체계'이다. 하나의 공동의

---

3) 같은 책, No. 31., S. 15를 참조.

인간적인 행동 방식을 통해서 우리는 여러 가지 언어들을 지향할 수도 있고, 하나의 언어 공동체에서 다른 언어 공동체로 넘어갈 수도 있고, 또한 이 관련 체계를 통해서 전연 다른 낯선 외국말을 배우고 해석하고 번역할 수도 있다는 것이다. "공동의 인간적인 행동 방식이 곧 그것을 통해서 우리가 낯선 외국말을 해석할 수 있는 관련 체계이다."[4]라고 비트겐슈타인은 말한다. 따라서 공동의 인간적인 행동 방식이 곧 다양한 말놀이들의 열쇠이다. 비트겐슈타인에게는 하나하나의 독립된 말놀이들, 그리고 개별적인 언어들이 경험적으로 주어진 사실로서 그의 탐구의 출발점을 이룬다. 그리고 그렇게도 다양한 말놀이들과 언어들의 통일적인 해석의 원리로서 비트겐슈타인은 인간적인 공동의 행동을 척도로 삼으려고 한다.

비트겐슈타인은 그가 여기에서 말하는 '놀이(game, Spiel)'를 다음과 같이 설명한다. 그는 우리가 놀이라고 부르는 모든 현상들을 자세히 관찰해 보도록 권고한다. 보기를 들면 장기놀이, 화투놀이, 경기놀이 등이다. "이러한 놀이들의 공통적인 것이 없다 하더라도 많은 유사한 성격들과 닮은 점들을 발견할 수 있을 것이다."[5] 비트겐슈타인의 이러한 설명은 매우 서툴다. 이 것은 놀이가 무엇이냐는 문제에 대한 해답이 될 수 없기 때문이

---

4) 같은 책, No. 205., S. 82.
5) 같은 책, No. 66., S. 31.

다. 이것은 오히려 놀이가 무엇이냐는 문제에 대한 해답을 전제로 하고서만 부연할 수 있는 설명에 지나지 않는다. 비트겐슈타인은 이른바 놀이들의 유사한 성격, 닮은 점들을 '가족(family)'이라는 말을 통해서 특징지우려고 한다. "나는 이러한 유사성을 가족이라는 말 이상으로 적절하게 특징지울 수 있는 말을 찾을 수 없다. 한 가족의 구성원들 사이에 발견되는 여러 가지 유사성들, 곧 몸집과 얼굴과 눈동자와 걸음과 기질 등의 유사성들이 여기에 포괄된다. 그래서 나는 놀이들이 하나의 가족을 이룬다고 말하고자 한다."[6] 어떤 하나의 놀이도 놀이의 전체적인 정의를 내포하고 있는 것은 아니다. 그럼에도 불구하고 우리는 하나의 놀이를 바라보면 놀이가 무엇인지 알 수 있다. 놀이의 개념과 그 본질, 그 정의는 다양한 놀이들에 대한 체계적인 참여를 통해서 비로소 드러난다.

비트겐슈타인은 그의 『철학적 탐구』에서 문장의 종류에 대한 물음을 제시하고 있다. "얼마나 많은 종류의 문장들이 있는가? 서술문, 의문문, 명령문 등 수없이 많은 종류들이 있다."[7] 그래서 비트겐슈타인이 말하는 말놀이들이란 수없이 많은 종류의 문장을 위한 모델들이라고 할 수 있다. 서술문, 명령문, 윤리적 언어, 과학적 언어, 종교적 언어, 예술적 언어, 은어, 속어 등의 모

---

6) 같은 책, No. 67., S. 32.
7) 같은 책, No. 23., S. 11.

델들이라는 것이다. 그런데 비트겐슈타인의 말놀이들은 그 거의 무한한 다양성에도 불구하고 하나의 가족적인 체계를 이룩하고 있는 것이라고 말할 수 있다.

말놀이 혹은 더 정확하게 말하면 말놀이들이 비트겐슈타인에게 있어서는 모든 철학적 문제들을 다룰 수 있는 최종적인 지평이다. 말놀이들 배후에 있는 어떤 '본질'이나 '개념'이나 혹은 '관념 자체' 등을 그는 인정하려고 하지 않는다. 보기를 들면 '세계가 무엇이냐' '인생이 무엇이냐' 등의 문제는 다만 그 '세계' 혹은 '인생'이라는 말들이 어떤 문맥에서 어떻게 사용되었는가에 따라서 풀릴 수 있는 문제이다. 따라서 말놀이들을 떠나서 세계 그 자체나 혹은 인생의 본질 같은 것은 철학적인 문제로서는 무의미하다는 것이다. 따라서 '세계'니 '인생'이니 하는 것은 그 자체로서는 이해되기 어렵지만, 말놀이들 안에서 사용될 때는 잘 이해될 수 있다.

'세계'니 '인생'이니 하는 추상적인 언어들뿐만 아니라 매우 단순한 언어들 곧 '책상'이니 '길'이니 하는 언어들도 그렇다. 책상 자체 혹은 길의 본질 같은 것은 이해되기 어렵다. 책상에도 여러 가지 모양들이 있고 여러 가지 용도들이 있다. 돌바닥이라도 책상으로 사용하면 책상이 된다. 그러므로 책상 자체가 무엇인지 이해하기 어렵다. 그러나 "내 방 책상 위에 너의 편지가 놓여 있다"고 하면 그 책상은 아무 문제 없이 이해된다. 따라서 의미라는 것은 사용될 때 이해될 수 있다. 이것을 달리 말하면 의미는 말놀이 안에서만 바르게 그리고 잘 이해될 수 있다는 것이다. 모든 의미들과 모든 문제들을 그들이 속한 언어의 문맥들에 되돌려서 이해하려는 비트겐슈타인의 태도는, 말놀이 배후에 어떤 본질이나 관념 자체를 인정하지 않기 때문에 전통적인 철학의 관념주의를 배격하는 것일 뿐만 아니라, 또한 말놀이들 안에 나타나고 따라서 이해될 수 있는 모든 의미들을 인정하는 것이기 때문에 전통적인 철학의 실증주의도 배격하는 것이다. 보기를 들면 '정신'이니 '실존'이니 하는 개념들은 전통적인 실증주의에 있어서는 무의미한 개념들이다. 그러나 비트겐슈타인에게는, 적어도 그의 후기 철학에서는 '정신'이나 '실존'이라는 말들도 일정한 적합한 말놀이들 안에서는 분명하게 바르게 이해될 수 있는 의미들을 갖는다는 것이다. 무엇이든지 그것이 말놀이의 의미 관련 안에서 문맥을 통해서 이해되고, 따라서 그것에 대해서 아무 문제가 남지 않으면 그것은 정당하고 타당한 것이다. 이와 같이 말놀이들로 되돌리면 모든 문제들이 사라진다. 모든 말놀이들은 그 자체가 모두 독립적인 체계들로서 그 안에 나타나는 모든 언어들을 위한 이해 지평을 이룬다. 비트겐슈타인은 그의 초기 철학에서 논리적인 문법의 언어만을 타당한 것이라고 생각하고 다른 모든 언어들의 가능성을 배제했지만, 그의 후기 철학은 일상적이고 현실적인 모든 언어들의 가능성에 대해서 개방적이다.

비트겐슈타인은 철학이 여러 가지 언어들, 곧 과학적인 언어

뿐만 아니라 예술적인 언어나 종교적인 언어나 기타 모든 일상 생활에서 사용되는 언어들에 들어가서 그것들을 다룰 수 있다고 생각한다. 곧 철학은 모든 말놀이들에 들어갈 수 있다는 것이다. 말놀이들 안에 들어 간다는 것은 그 안에서 말들을 바르게 해석한다는 것을 뜻한다. 곧 말들을 적합한 의미 관련 안에 바르게 세우는 치료적인 과제가 철학의 과제라는 것이다. 따라서 철학이 어떤 문제를 해결할 때는 반드시 그 문제가 나타난 상황이 지시하는 가능성에 따라서 해결하는 것이다. 보기를 들면 철학이 '인생'이라는 비밀을 해결한다고 할 때 그것은 이 '인생'이라는 말이 어떤 문맥에서 나타났으며 어떤 상황 아래서 문제되었는가를 살피고, 그 말이 그 안에 자리잡은 말놀이의 의미 관련 안에서 그 말의 뜻을 밝히는 것이다. 우리가 그 말놀이에 바르게 연결되었고 참여했더라면 그 말놀이에 나타나는 '인생'이라는 말이 문제되지는 않았을 것이다. 따라서 철학의 과제를 치료적인 과제라고 할 수 있다. 비트겐슈타인에게 있어서는 철학적인 이른바 '문제들'은 우리가 일상적인 말놀이들에 잘못 연결되고, 따라서 잘못 이해해서 방황할 때 나타난다. 일상적인 말놀이들에 바르게 연결되면 그러한 문제들은 처음부터 나타나지 않는다. 그러므로 철학은 비정상적인 삶에서 나타나서 그 비정상을 치료하려는 것이다.

나는 여기서 비트겐슈타인의 이러한 말놀이의 개념에 대한 다른 철학자들의 정당한 혹은 부당한 비판들을 다루려고 하지 않는다. 철학을 지양하려고 한다는 슐츠(Schulz)의 비판이나,[8] "언어 이외의 실체를 거부하는 언어학적 유명론(有名論)이다"[9] 라는 티쎈(Thyssen)의 비판 등은 일면적인 정당성을 가졌다. 그런데 비트겐슈타인의 말놀이 개념은 어디까지나 삶의 현장으로서의 언어 현상을 바라보고 이해할 수 있는 모델로서 제시된 것이지, 그것이 언어 현상을 이론적으로 설명하려는 것은 아니라는 것을 인식할 필요가 있다. 따라서 말놀이의 개념은 앞으로의 언어 철학의 전개를 위해서 중요한 하나의 디딤돌이라는 것을 말해 두어야 하겠다.

8) W. Schulz, *Wittgenstein, Die Negation der Philosophie*, Pfullingen, 1963. 참조
9) J. Thyseen, *Sprachregelung und Sprachspiel*, In Zeitschrift für Philosophische Forschung, Bd. 20., 1966.

16. 변형문법의 가설

  앞으로의 언어 철학의 전개를 위하여 또 하나의 이정표를 세운 것은 촘스키(Noam Chomsky)가 주장한 변형문법의 이론이다. 촘스키는 종래의 언어학의 경험주의적이고 행태주의적인 모델을 극복하고 새로운 합리주의적 변형문법의 이론으로 이를 대치했다. 블룸필드(Bloomfield)의 구조주의나, 스키너(Skinner)의 언어학습이론의 근거가 된 인간 언어에 대한 경험주의적이고 행태주의적인 모델은 인간의 언어 현상을 합리적으로 설명하는 포괄적인 이론을 위해서는 적합하지 못하다고 촘스키는 생각했다. 그의 변형문법은 언어의 창조적인 차원, 곧 하나의 언어를 지배하는 인간이 무수히 많은 문법적으로 정당한 새로운 문장들을 창조해 내는 그러한 인간의 언어 현상을 합리적으로 설명하려는 것이다. 지금까지의 언어학처럼 경험적인 사실로서 주어져 있고, 관찰할 수 있는 특정한 언어들의 음운적인 요소나 문장적인 구조를 묘사하는 것이 아니고, 전연 미리 배우지도 아니하고 경험하지도 아니한 새로운 문장들을 인간이 창조하는, 그러한 창조적인 차원을 설명하려는 것이다. 언어에 익숙한 모든 인간이 그가 아직 말해 보지도 아니하고 들어보지도 못한 많은 새로운 문장들을 마음대로 만들 수 있고 또한 이해할 수 있는 것이 어떻게 가능하냐는 물음에 만족스러운 대답을 주려는 것이 촘스키의 변형 문법의 이론이다. 핵문장(核文章)들, 곧 언어의 가장 기초적인 통일체들을 구조적으로 더욱 포괄적이고 더욱 복잡한 문장들로 변형(transformation)함으로써 무수히 많은 문장들을 만들어내는 것을 설명하는 하나의 문법, 곧 변형문법을 추구하는 것이 촘스키의 언어학적 과제이다.

이러한 촘스키의 언어학적인 이론을 이해하기 위해서 우리는 다음과 같은 두 가지의 상대적인 기본 개념들을 살펴보아야 하겠다.[1]

---

1) N. Chomsky, *Current Issues in Linguistic Theory*, The Hague Mouton, 1964. 참조

(1) 능력(competence) 과 수행(performance)

  '능력'이란 하나의 관념적인 개념으로서 언어의 규칙들의 체계에 대한 제일차적인, 그리고 거의 무의식적인 지식을 뜻하는 것으로서, 이 언어적인 능력에 의해서 말하는 사람이나 듣는 사람이 늘 새로운 문장들을 말하고 이해하는 능력을 소유하게 된다. 이에 대해서 '수행'이라는 것은 하나의 특정한 언어에서 모든 구체적 문장 형성을 위해서 능력의 규칙들이 실제로 적용되는 것을 뜻한다. 말하는 사람의 능력, 곧 언어의 합리적인 구조를 탐구하는 것은 하나의 이상적이고 완전한, 그리고 언어의 규칙들을 바르게 사용할 수 있는 인간의 잠재적인 능력을 탐구하는 것이다. 인간의 언어적인 능력으로서의 언어의 합리적인 구조를 '보편적 문법(grammatica universalis)'이라고 촘스키는 생각한다. 언어 사용에 있어서 이상적이고 완전한 인간은 그의 이성 속에 이 보편적인 문법을 언어적 능력으로서 갖고 있다는 것이다. 지금까지의 언어학은 경험적으로 관찰할 수 있는 '수행'만을, 그것도 개인에 따라서 언어 이외의 요소들에 의해서 함께 자극된 그러한 '수행'만을 분석의 대상으로 삼았다.

  변형문법은 우선 직관적으로만 주어져 있는 언어적인 능력의 구조들을 드러내고 설명하려고 시도한다. 이 언어적인 능력은 늘 새롭게 문장들을 형성하는 잠재적인 무한한 창조성으로서, 혹은 문장 형성의 정당성과 부당성의 기준으로서 모든 구체적인, 그리고 언제나 완전하게 정상적일 수는 없는 수행을 위한 기반이 된다. 특정한 언어들의 곧 영어나 독일어나 일본어나 한국어 등의 특수하게 표현된 문장들 밑바닥에 그것들이 그것으로부터 변형된 그러한 보편적인 문법이 밑받침하고 있다. 그러므로 촘스키의 언어학은 종래의 구조주의 언어학처럼 그러한 특정한 언어들의 구조적인 요소들을 범주적으로 묘사하려고 하지 아니하고, 오히려 모든 언어에 있어서의 말하는 사람이나 말을 듣는 사람의 보편적인 언어적 능력의 규칙들을 찾아내려고 한다. 그것이 변형되어서 여러 가지 개별적인 특수한 언어들, 곧 영어, 독일어, 일본어, 한국어 등의 문장들이 이루어지는 그러한 보편적인 언어적 능력의 규칙들을 찾고 있는 것이다.

촘스키의 이러한 언어학은 일정한 철학적인 전통 곧 근세 철학의 조상이라고 불리우는 데카르트(Descartes)로부터 시작된 합리주의와 연결되어 있다는 것은 두말할 것도 없다. 합리주의 철학에 의하면 모든 감성적인 경험 이전에 인간이 가지고 있는 순수한 선험적인 이성이 인식을 위한 기능의 근원이다. 그러므로 촘스키의 사상은 로크(Locke)로부터 현대적인 행태주의에 이르는 영미 철학의 경험주의를 떠나서 오히려 데카르트로부터 독일 관념철학에 이르는 대륙적인 합리주의를 모델로 한 것이라고 말할 수 있다. 촘스키는 훔볼트(Humboldt)의 언어철학을 전통적인 합리주의와만 연결시켜서 이해하고 받아들인다. 곧 언어는 어떤 피조물 곧 '에르곤'이 아니고, 그 자체가 '에네르기아' 라고 훔볼트가 말했을 때 그는 인간의 언어에 내재하는 창조성을 인정하고 있다는 것이다. 그리고 언어의 모든 다양한 요소들에 구조적인 통일성을 부여하는 인간의 어떤 정신적인 요소를 인정한 훔볼트의 언어철학을 합리주의 철학과 연결시키면서 촘스키는 그의 보편적인 문법의 이념을 내세운다. 촘스키에 의하면, 훔볼트의 언어철학은 자극(stimulus), 반응(respons)의 도식에 의한 행태주의적인 언어학습 이론과는 달리 플라톤적인 요소, 곧 관념주의적인 요소를 내포하고 있다. 다시 말하면 인간의 이성에는 단순한 언어 실현의 저 편에 숨어 있는 언어 능력의 규칙들, 곧 창조적인 문장 구성을 위한 규칙들이 주어져 있다는 사상을 내포하고 있다는 것이다. 훔볼트의 언어철학에 대한 촘스키의 이러한 해석에는 물론 비판의 여지가 많다. 훔볼트에게는 독일 관념철학도 영향을 주었지만, 그의 사상은 무엇보다도 낭만주의 철학에 속한다. 그런 의미에서 그의 언어철학은 합리주의나 관념주의와는 대립되는 경향을 뚜렷하게 가졌다. 그런데 촘스키의 보편적인 문법의 이념은 전적으로 합리주의적이고 관념주의적이다. 이 문제에 대해서는 뒤에 다시 살펴보기로 한다.

(2) 심층 구조(deep structure)와 표층 구조(surface-structure)

촘스키의 언어학을 이해하기 위해서 우리는 또 하나의 상대적인 개념을 살펴보아야 하겠는데, 그것은 언어의 심층 구조와 언어의 표층 구조이다. 표층 구조와 심층 구조는 마찬가지로 형식적인 기호들로써 표현될 수 있다. 곧 문장(sentence)은 S. 명사구(noun phrase)는 NP. 동사구(verb phrase)는 VP. 형용사구(adjective phrase)는 AP. 등의 기호로써 표현될 수 있다는 것이다. 그런데 표층 구조는 직접 주어져 있고 경험적으로 묘사할 수 있는 문장 구조를 말하는 것이고, 심층 구조라는 것은 문장의 표층 구조의 문장론적이고 의미론적인 타당성을 가늠하는 언어적인 기준을 제시하는 보이지 않는 규칙들을 말한다. 그러므로 하나의 문장의 표층 구조라는 것은 더 추상적이고 보편적인 심층 구조에 의해서 '생성된(generated)' 것이다. 이렇게 문장의 표층 구조를 만들어내는 생성의 원리는 인간의 이성이 보편적으로 소유하고 있는 것이라고 생각하면서 촘스키는 이 생성의 원리를 '문법적인 변형(grammatical transformation)'이라고 부른다. 이러한 문법적 변형을 통해서 심층 구조로부터 표층 구조가 생성되어 나온다. 그리고 촘스키에 의하면 심층 구조 안에서도 이 문법적 변형을 통해서 '기본적 규칙들(base rules)'에서 무수한 심층 구조들(infinite class of deep structures)이 생성된다. 이것이 촘스키의 '생성적 변형문법(generative transformation grammar)'이다. 촘스키는 이른바 '변형'을 위한 규칙들을 형식적인 기초 체계로서 제시하고 있는데, 이러한 규칙들에 따라서 이미 아동들은 아직 들어 보지도 말해 보지도 못한 새로운, 그리고 문법적으로 바른 문장들을 형성한다.

촘스키의 이른바 생성적 변형문법은 따라서 인간의 이성 속에 보편적인 문법의 규칙들에 대한 '생득의 지식(innate knowledge)'이 주어져 있다는 것을 전제하고 있는 것이다. 그러한 생득의 지식은 문장의 심층 구조 속에 표현된다. 지금까지의 언어학은 표층 구조의 언어학적인 재료들만 묘사하고 심층 구조에 있어서의 규칙들, 곧 문법적으로 바른 문장들을 늘 새롭게 만들어 내는 무한한 창조성의 기준을 찾아내려고는 하지 않았다. 간단한 규칙들과 그 규칙들의 조작을 통해서 무수히 많은 심층 구조들이 생성되고, 이 심층 구조들은 다시 문법적인 변형들을 통해서 표층 구조들로서 드러난다. 하나의 언어, 곧 영어와 독일어나 일본어나 한국어를 말하는 사람이나 듣는 사람이 출생하면서부터 가지고 있는 이러한 문법적 규칙들에 대한 지식이 곧 이른바 언어적인 능력을 이룩하고 있는 것이다.

촘스키는 처음에는 언어의 음운론적이고 구문론적인 측면에 더 관심을 가졌는데, 1963년 이후로는 의미론적인 측면을 더 많이 그의 연구 대상으로 삼았다. 촘스키는 다음과 같이 말한다. "지금까지 알려진 정보에 의하면 다음과 같이 말하는 것이 정당하다고 생각된다. 곧 표층 구조는 음운론적인 해석을 완전히 결정하는 것이고, 심층 구조는 의미론적인 해석을 결정하는 데 있어서 중요한 역할을 하는 문법적인 기능들을 표현하는 것이다. 물론 표층 구조의 특수한 측면들도 하나의 문장의 의미를 결정하는 데 참여하지만…….[2] 심층 구조가 문장의 의미를 결정하고, 표층 구조는 음운론적으로 해석될 수 있고, 문장의 의미에 대한 기준 없이 하나의 구문론적 측면을 묘사한다는 것이다. 사실 한 문장의 표층 구조는 그 문장의 의미에 대한 정보를 거의 제시해 주지 않는다. 이것은 여러 가지 의미들을 가진 것 같은 문장들, 곧 다의적인 문장들(ambiguous sentences)에서 잘 드러난다.

촘스키의 사상이 언어학을 위해서뿐만 아니라 언어철학을 위해서도 하나의 새로운 이정표가 되는 것은 틀림없다. 자극과 반응의 도식에 따라서 경험적으로 관찰할 수 있는 측면만을 다루고 있던 행태주의적 모델을 극복하고, 언어 관찰을 위한 하나의 전연 새로운 길을 열어 준 것은 촘스키의 큰 공헌이라고 하지 않을 수 없다. 특히 언어 현상을 고정적인 대상으로 생각하지 아니하고 언어 현상의 창조적인 성격을 드러낸 것은 그의 변형 문법이 가지는 긍정적인 측면이다. 홈볼트가 "언어는 단순한 피조물이 아니고, 스스로 창조적인 성격을 가졌다."고 말한 것을 촘스키는 자기 나름대로 이해하고, 이러한 창조적인 언어관을 그의 언어학에서 살리려고 했다. 그리고 더욱 촘스키가 언어 현상을 언어적인 능력(competence)과 수행(performance), 그리고 언어의 심층 구조와 표층 구조 등의 상대적인 개념들로서

---

2) N. Chomsky, *Language and Mind*, New York, 1968, S. 26.

파악하고 설명하려고 한 시도는 앞으로의 언어학과 언어철학을 위해서 중요한 의미를 가졌다고 생각된다.

그러나 경험주의적이고 행태주의적인 모델을 극복하기 위해서라고 할지라도 17세기의 합리주의나 이를 직접 이어받은 관념철학의 모델로 돌아가는 것은 정신사적으로 무리한 일이다. 촘스키가 보편적인 문법의 규칙들에 대한 '생득의 지식(innate knowledge)'을 말한 것은 독일 관념철학의 창시자 칸트가 말하는 오성의 선험적인 범주들을 생각하게 한다. 칸트는 인간이 경험을 통해서 사물을 인식하기 전에 그의 오성은 그러한 경험을 비로소 가능하게 만드는 조건으로서 선험적인 범주들을 가지고 있다고 했다. 그러나 칸트가 '선험적(a priori)'이라고 한 것은 논리적으로 경험적인 지식들에 앞선다는 것이지 시간적으로 모든 경험에 앞선 '생득'이라는 의미는 아니었다. 인간이 나면서부터 그러한 범주들을 무의식적으로라도 갖고 있다는 것은 오늘날 인간학적으로도 심리학적으로도 생각할 수 없는 일이다. 보편적인 문법의 규칙들에 대한 지식도 마찬가지다. 촘스키가 그러한 지식들을 '선험적(a priori)'이라는 표현을 넘어서 '생득(innate)'이라고 한다면 더욱 믿을 수 없는 일이다.

오늘날 언어학의 행태주의적 모델을 극복하기 위해서 18세기의 합리주의로 거의 그대로 돌아간다는 것은 정신사적으로 이미 불가능한 일이다. 현대의 실증주의는 19세기에 발전된 역사 의식과 20세기에 들어와서 최근까지 전개된 사회 의식을 모른다.

그래서 촘스키는 실증주의의 그늘 아래서 실증주의적 행태주의를 극복하려고 했기 때문에 역사 의식이나 사회 의식을 뛰어넘어서 18세기의 합리주의로 돌아가려고 한다. 언어 현상은 역사적인 전통과 사회적인 구조와 불가분의 관계를 가졌다. 인간 존재도 그렇고 인간의 이성도 그렇다. 그러므로 역사적이고 사회적인 살아 있는 언어 현상을 인간이 생득적으로 가지고 있는 보편적인 문법의 규칙들로 환원시키려는 것은 잘못된 시도이다. 역사 의식의 세례를 받은 훔볼트가 언어의 창조성을 말하는 것과 촘스키가 언어적인 창의성(creativity)을 말하는 것은 서로 뜻이 매우 다르다.

비록 보편적 문법의 규칙들에 대한 생득의 지식이라는 것이, 가령 언어에 익숙한 인간이 미리 듣지도 말하지도 못한 수없이 많은 문장들을 만들어 내는 현상을 설명하는데 필요한 요청된 가설이라 할지라도 이러한 변형문법의 가설은 너무나 관념적이고 형이상학적이라고 말할 수 있다. 이 세계의 다양한 생동적인 현상들을 '설명'하기 위해서 창조주로서 하나님의 존재를 가설로서 내세운 시대도 있었다. 그러나 적어도 오늘날 그러한 가설은 학문적으로 믿음직한 가설은 아니다.

17. 말과 윤리

아펠(Apel)과 하버마스(Habermas)는 비트겐슈타인의 언어
철학과 촘스키의 언어학을 넘어서 언어철학을 위한 새로운 전개
를 시도한 사람들이다. 그들은 모두 비트겐슈타인의 말놀이 개
념을 출발점으로 삼으면서 촘스키의 변형문법의 개념들을 비판
적으로 새롭게 이용하고 있다.

그들은 모두 보편적인 문법의 규칙들을 습득하는 과정, 혹은
문법적인 '능력'을 인간이 습득하는 과정을 개인의 독립적인 과
정으로 이해하는 촘스키의 사상에 반대한다. 인간이 나면서부터
개인으로서 그의 이성 속에 보편적인 문법의 규칙에 대한 지식
을 가지고 있다는 사상은, 특히 현대 인간 생물학에 근거한 철

학적 인간학의 인간관[1]이나 혹은 최근에 사회학, 심리학, 교육학에서 많이 사용되고 있는 인간의 사회화라는 개념에도 정면으로 위배된다. 만약 인간이 자연으로부터 출생한 개인으로서는 아직 완성되지 못한 동물에 불과하고, 먼저 가정 안에서의 다른 사람들과의 '의사소통(communication)'과 더불어 이루어지는 사회화의 과정을 통해서 비로소 사람이 되는 것이라면, 인간이 나면서부터 개인으로서 언어적인 능력 곧 보편적인 문법의 규칙에 대한 지식을 갖고 있다는 것은 상상할 수 없는 일이다. 언어는 처음부터 사회를 위해서 필요하게 된 것이고, 사회 안에서 발전하고, 사회 안에서 사용되는 것이다. 따라서 언어는 그 본질에 있어서 사회를 떠나서 생각될 수 없다. 그러므로 언어의 어떤 근원적인 규칙들도 인간이 나면서부터 알고 있는 것이 아니고 아동이 그의 사회화 과정에서 다른 사람들과의 의사소통을 통해서 익힌 것이라고 이해되어야 할 것이다. 만일 그렇다면 언어 현상은 처음부터 끝까지 사회 현상으로서 다루어지고, 인간의 사회적인 의사소통과의 밀접한 관련 아래서 다루어지고 설명되어야 한다. 말놀이는 언제나 여러 사람들이 함께 참여하는 놀이이다. 그리고 말놀이의 규칙들도 여러 사람들이 참여하기 때문에 비로소 필요하고 또한 지켜진다. 언어 현상에 대한 관찰을 이런 방향으로 길을 터 준 것은 아펠과 하버마스의 공헌이라고

---

1) 이규호, 「사람됨의 뜻」, 서울, 제일출판사, 1974.

생각된다. 그러나 아펠은 비트겐슈타인의 다양한 말놀이들에 머물러 있지 아니하고, 이들을 설명하기 위해서 하나의 '선험적인 말놀이(das tranzendentale Sprachspiel)'를 요청하였고 하버마스는 '이상적인 언어 상황(die ideale Sprachsituation)'을 생각했다. 촘스키의 보편적인 문법의 이념이 아펠의 '선험적인 말놀이'와 하버마스의 '이상적인 언어 상황'의 개념들의 구성에 영향을 주었다는 것은 분명하다. 다만 이제는 개인이 가지고 있는 보편적인 문법의 규칙들에 대한 지식이 문제가 아니고 사회의 언어적인 '의사소통(communication)'이 문제이다. 특히 하버마스가 인간의 언어적인 능력 대신에 사회에 있어서의 '의사소통의 능력(die Kommunikative Kompetenz)'을 말한 것은 촘스키의 영향을 뚜렷하게 드러낸 것이다.

우리는 여기에서 아펠 언어철학의 기본 사상을 살펴보아야 하겠다. 아펠은 먼저 비트겐슈타인 후기 철학의 기본 입장으로부터 출발한다.[2] 수없이 많은 여러 가지 말놀이들 곧 삶의 형식들이 움직일 수 없는 사실로서 주어져 있다는 것과, 그리고 모든 이른바 의미 이해 곧 문장과 인생과 철학과 종교와 예술과 과학 등에 있어서의 모든 의미들의 이해는 이 주어져 있는 말놀이들

---

2) K. O. Apel, *Die Kommunikationsgemeinschaft als transzendentale Voraussetzung der Sozialwissenschaften*, In Neue Hefte für Philosophie Heft 2/3, 1972, S. 1-40.

의 지평 안에서만 가능하다는 것으로부터 아펠은 출발한다. 이 것이 바로 비트겐슈타인 후기 철학의 기본 입장이다. 그러나 비트겐슈타인이 제시한 말놀이의 모델은 다음과 같은 두 가지 사실들을 잘못 이해하게 만들 수 있다. 첫째로 비트겐슈타인에 의하면 말놀이들이 단순하게 경험적인 대상들로서만 이해되고, 그 말놀이들의 해명도 객관적인 사실들을 설명하는 과학적인 분석 방법에서만 기대되는 것처럼 생각되고 있다. 우리가 말놀이들을 분석할 때는 경험적으로 주어져 있는 재료들을 묘사하기만 하는 것이 아니고 일정한 관점에서 해석하고, 선택하고, 그리고 그 재료들을 비로소 구성해야 한다. 그런데 말놀이들을 이렇게 해명하고 분석하는 작업 자체도 역시 인간이 혼자서 아무 규칙 없이 하는 것이 아니고, 학자들이 공동으로 특수한 용어들과 그 규칙들에 따라서 하는 것이기 때문에 그러한 분석의 작업도 하나의 학문적인 말놀이에의 참여를 뜻한다. 우리가 여기에서 말하는 '하나의 학문적인 말놀이'가 곧 다양한 여러 가지 우리의 삶의 형식들을 이루고 있는 말놀이들의 분석을 가능하게 하고 또한 이를 제약하는 조건으로서, 아펠은 이것을 선험적인 말놀이라고 한다. 둘째로 비트겐슈타인은 말놀이들이 우리가 세계를 묘사하고 의미들을 이해하는 가능성과 조건, 곧 지평이 된다고 생각하면서도 언어 사용과 행동, 그리고 언어 사용과 사회적 의사소통의 불가분의 관련 관계를 소홀하게 생각했다. 이러한 불가분의 관련 관계에서 사회적이고 정치적인 이데올로기 비판의 문제들이 당연히 나타났어야 한다. 말놀이의 '놀이'는 역시 사회적인 의사소통이기 때문에 그것은 사회 구조의 문제와 연결된다. 말놀이들은 사실 그 사회의 구조에 의해서 철저히 제약된다. 잘못된 사회 구조에서 오는 잘못된 제약과 변태와 왜곡을 우선 관념적으로라도 배제하고 말놀이들을 바라보기 위해서 하버마스는 '이상적인 언어 상황'을 생각했다. 이는 어떤 사람들이 명령하고 어떤 사람들이 억압당하는 그러한 상황이 아니고, 모든 참여자들이 제대로 말놀이의 규칙을 따라서 행동하는 그러한 언어 상황을 말한다. 이러한 '이상적인 언어 상황'의 개념은 하버마스의 '의사소통의 능력' 개념과 상관 개념이다. 여기서 내가 '의사소통의 능력(die Kommunikative Kompentenz)'이라고 번역하는 개념은 잘못된 사회 구조에 의한 모든 잘못된 제약과 변태와 왜곡을 초월한 인간의 사회적 의사소통능력을 말한다. 이러한 사회적인 '의사소통능력'을 전제하고서만 주어져 있는 여러 모로 왜곡된 현실적인 '의사소통의 수행'을 분석할 수 있을 것이다.

아펠은 그가 말하는 이른바 '선험적인 말놀이'가 모든 일상적인 말놀이들처럼 사회 구조에 의해서 잘못 제약되고 왜곡된 것이 아니라야 한다는 생각에서 '제약되지 아니한 의사소통 공동체의 선험적인 말놀이(das transzendentale Sprachspiel der unbegrenzten Kommunikationsgemeinschaft)'라는 표현을 사용하고 있다. 아펠이 말하는 '제약되지 아니한 의사소통 공동체의 선험적인 말놀이'나 하버마스가 말하는 '이상적인 언어 상황의 구조'는 단순히 현실에서 떨어진 이상적인 관념을 말하려는 것이 아니고 이상적이고 규범적인 원리로서 이해되어야 하겠다. 현실적인 계급 지배의 사회와 아펠이 말하는 제약되지 아니한 의사소통의 공동체는 서로 다르다. 여러모로 왜곡된 현실적인 언어 상황과 하버마스가 말하는 이상적인 언어 상황은 매우 다르다. 그러나 '이상'은 '현실'을 도피하자는 것이 아니고 현실 개조를 위한 목표이며, 또한 우리의 행동이 지향할 규범의 역할을 하는 것이다. 언어학의 문제로서의 말놀이 개념은 이렇게 해서 인간들 사이의 의사소통의 규범의 문제, 그리고 이를 통해서 사회 구조의 문제, 그뿐만 아니라 이상적인 의사소통을 위한 인간성과 인간상의 문제들과 연결된다. 아펠은 그래서 언어철학에서 윤리학의 문제를 다루게 되었다.[3] 하버마스의 이상적인 언어 상황도 역시 동시에 하나의 이상적인 인간상을 표현하는 것이다.

아펠과 하버마스의 이러한 언어철학은 앞으로 언어철학의 전개를 위해서 매우 중요한 시사를 주는 것이라고 나는 믿는다.

아펠과 하버마스의 언어철학을 다시 한번 정리해서 요약해 보자.

---

3) K. O. Apel, *Das Apriori der Kommunikationsgemeinschaft und Grundlagen der Ethik*, Freiburg, 1972. 참조.

(1) 살아 있는 언어 현상으로서의 말놀이들은 '기본적인 사실들(Ur-Tatsachen)'로서 주어져 있는 것이다. 적어도 철학적인 언어 관찰은 이 놀이들에서 떠난 죽은 재료들을 다룰 것이 아니라 이 살아 있는 말놀이들을 다루어야 한다. 이 말놀이들이 그 안에서 모든 의미들이 해석되고 분석되는 지평이다. "인간의 행동과 삶의 해석과 언어의 사용이 모두 말놀이 안에서 하나의 사회적인 삶의 형식의 요소들로서 서로 얽혀 있다."[4)

(2) 주어져 있는 다양한 말놀이들이 학문적으로 관찰되고 분석되기 위해서는 그 관찰과 분석을 위한 하나의 말놀이가 있을 수밖에 없다. 우리가 말놀이들을 철학적으로 관찰하려면 이러한 하나의 '선험적인 말놀이'를 전제해야 한다. 여기서 '선험적(transzendental)'이라는 것은 경험적으로 주어져 있는 말놀이들을 위해서 전제되어 있어서 그들의 관찰의 가능성과 동시에 관찰의 조건이 된다는 뜻이다. 선험적인 말놀이는 선험적인 삶의 형식을 표현한다.

(3) 선험적인 말놀이는 인간들의 모든 가능한 '의사소통(communication)'의 밑바닥에 그 이상적인 원형으로서 주어

---

4) K. O. Apel, *Die Kommunikationsgemeinschaft als transzendentale Voraussetzung der Sozialwissenschaften*, 1972, S. 26.

져 있다. 선험적인 말놀이와 이에 해당하는 선험적인 삶의 형식은 모든 왜곡과 부조리로부터 해방된 '무제약(Unbegrenztheit)'의 것이고 철저하게 민주적인 형식이다. 하버마스는 이를 이상적인 언어 상황이라고 불렀다. 말놀이, 인간들의 의사소통, 삶의 형식, 사회 구조가 서로 연결된 상관 개념들이라면, 여기에서 선험적인 삶의 형식 혹은 이상적인 언어 상황이 철저하게 민주적인 것이라야 한다는 것은 결코 논리의 비약이 아니다.

(4) 이러한 무제약의 선험적인 말놀이는 현실적으로 주어져 있는 많은 말놀이들에 비하면, 그리고 무제약의 선험적인 삶의 형식은 현실적으로 주어져 있는 여러가지 삶의 형식들에 비하면 이상화된 원형이라고 할 수 있다. 무제약의 이상적인 언어 상황이라는 것도 여러가지로 제약된 현실적인 언어 상황들에 비하면 이상화된 원형이다. 막스 베버(Max Weber)의 말을 빌리면 '이념형(Idealtypus)'이다. 이러한 이념형에 비추어서 여러 가지로 왜곡된 현실적인 말놀이들, 곧 삶의 형식들이 관찰되고 분석될 수 있다. 현실적인 말놀이들과 삶의 형식들이 심리학이나 사회학이나 정치학에 의해서 경험적으로 다루어지는 것이라면, 선험적인 말놀이는 이러한 학문들에 전제된 것이라고 할 수 있다.

(5) 선험적인 말놀이와 이에 해당하는 선험적인 삶의 형식은

인간 행동의 '규제적인 원칙(ein regulatives Prinzip)'으로서 인간의 모든 사회적 언어적 행동들 속에 있다. 여기에서 규제적인 원칙이라는 것은 칸트의 용어를 빌어온 것인데, 칸트는, 보기를 들면 '하나님'과 같은 이념은 지식의 대상은 아니고 인간의 모든 지식들의 방향을 규제하는 원칙의 역할을 한다고 했다.

(6) 이상적인 언어 상황은 모든 가능한 대화들과 의사소통을 위한 구성적인 조건이다. 이상적인 언어 상황은 현실적인 언어 상황들을 떠나서 있는 것이 아니다. 이상적인 언어 상황을 전제로 현실적인 언어 상황들이 비록 여러 가지로 왜곡된다 해도 역시 성립되는 것이다. "우리는 언어적인 의사소통의 첫 행동과 그리고 모든 행동들에 있어서 언제나 이상적인 언어 상황의 전제를 인지할 수 있다."[5] 하버마스가 말하는 이상적인 언어 상황, 곧 보기를 들면 인격들이 대등하게 존중되고 민주적이고 강압이 없는 그러한 언어 상황이 전연 인지되지 않으면 거기에는 침묵과 의사소통의 단절, 또는 명령과 복종이 있을 뿐이다.

(7) 이상적인 언어 상황은 동시에 이상적인 인간상을 표현한다. 철저히 개방적이고 이성적이며 상호 존중하는 그러한 언어

---

5) J. Habermas, *Vorbereitende Bemerkungen zu einer Theorie der Kommunikativen Kompetenz*, Frankfrut, 1971, S. 140.

상황과 언어적인 의사소통은 바로 개방적이고, 이상적이고, 윤리적인 인간상을 표현하는 것이다. 모든 인간 관계의 인간화와 사회 구조의 인간화는 여기에 근거한다. "아직 완전히 소외되지 아니한 인간들 사이의 의사소통적 인간성이 여기에 근거한다는 것이다."[6]

아펠과 하버마스의 이러한 언어철학에는 비트겐슈타인의 후기 철학과 촘스키의 변형문법의 영향이 크게 작용했다는 것은 분명하다. 말놀이들이라는 사실로부터 출발했다는 것은 비트겐슈타인의 영향이다. 그러나 그러한 말놀이들을 단순한 경험적인 객관적 대상으로서만 분석하려고 하지 아니하고, 전체적으로 설명하고 일정한 방향으로 해석하기 위해서 선험적인 말놀이 혹은 이상적인 언어 상황의 모델을 설정한 것은 촘스키의 영향도 있다고 믿어진다. 물론 여기에는 딜타이(Dilthey)로부터 현대 철학에 들어왔고, 하버마스에 의해서 다시 철학적 논의의 대상으로 등장한 해석학이 함께 작용한 것은 틀림없다. 그리고 이러한 아펠과 하버마스의 언어철학은 앞으로 언어철학의 매우 힘찬 전개를 위한 하나의 길잡이라고 나는 믿고 있다. 여기서는 언어 현상의 문제가 단순한 언어의 문제로 남아 있는 것이 아니고, 삶의 상황의 문제, 사회의 문제, 윤리의 문제와 끊을 수 없이 연결된다. 따라서 여기에서 제시된 언어 현상의 문제는 어떤 하나

---

6) 같은 책 S. 129.

의 과학, 곧 언어학이나 심리학이나 사회학의 영역을 크게 넘어서는 것이다. 여기에서 제시된 문제는 모든 경험적이고 해석학적이며 선험적인 관찰과 분석과 성찰을 동시에 요청한다.

18. 담론과 이야기

　　페르디낭 드 소쉬르(Ferdinand de Saussure)가 그의 『일반 언어학 강의』에서 사회적 삶의 한복판에서 기호들의 삶을 연구하는 학문이라고 정의한 이른바 '기호학' 또는 '기호론(Semiologie)'은 그 후 유럽과 미국, 그리고 러시아의 각국에서 언어와 관계되는 모든 학문들에 큰 영향을 주고 있다. 소쉬르의 기본 사상은 이 책에서 이미 상술한 바 있는 독일의 철학자 훔볼트(Humboldt)의 언어철학에서 영감을 받은 것이다. 그러나 물론 요즘 많이 논의되는 후기 구조주의 철학자들이 소쉬르에게서 이어받은 언어에 있어서의 기표와 기의의 구별 곧 기호와 개념의 구별, 랑그와 빠롤의 대립과 상호보족성 곧 언어와 발화,

달리 말하면 체계로서의 언어와 우리가 말하는 말의 대립, 그리고 기호의 자의성 곧 기호와 그것이 가리키는 대상의 우연한 관계 등은 소쉬르의 창의적인 업적에 속하는 것이다. 어쨌든 소쉬르의 언어 이론은 철학, 문학, 사회학의 거의 모든 분야들에서 언어관의 코페르니쿠스적 전환을 가져왔다고 말할 수가 있다. 물론 이 전환이 이 책의 앞부분에서 상술한 바와 같이 훔볼트에 의해서 준비된 것은 틀림없다.

훔볼트에 의하면 언어는 지시 대상의 단순한 묘사가 아니다. 그것이 지시하려는 사물에 붙은 이름표가 아니라는 것이다. 그래서 훔볼트는 언어는 현실을 묘사하기만 하는 것이 아니고 현실을 창조한다고 말했었다. 그런데 이러한 현대 언어철학의 기본적인 사상이 현대의 거의 모든 인문사회과학들을 위해서 하나의 큰 언어학적인 전환을 가져왔으며, 소쉬르 기호학의 기본적인 이념을 낳게 했다. 소쉬르는 훔볼트의 그러한 사상을 토대로 해서 그것을 언어학적으로 다듬어 기표, 기의, 지시체, 곧 기호와 개념과 지시 대상의 삼각관계로 설명한다. 그리고 더 나아가서 언어가 현실을 창조한다는 것을 랑그와 빠롤, 곧 언어 체계와 언어 발화의 대립과 상호 보족의 관계를 통해서 설명한다. 철학자로서의 훔볼트가 영감을 통해서 얻은 것을 언어학자로서의 소쉬르는 실증적인 방법을 염두에 두면서 설명한다고 말할 수가 있을 것이다. 후기 구조주의 철학이나 이른바 포스트모더니즘에 미친 소쉬르의 영향과 그를 통한 기호학의 세계적 확산은 여기에서 이해될 수가 있다고 말할 수 있다.

언어가 현실을 늘 특수하게 해석하고 특수하게 드러내고 따라서 우리가 이해하는 현실을 창조한다는 명제로 인해서 말놀이의 이론과 담론(Diskurs)의 이론이 오늘날의 사회과학들을 위해서 그렇게 중요한 의미를 갖게 되었다고 말할 수 있다. 말놀이에 관해서는 이미 앞에서 논술하였기 때문에 여기서는 우선 담론의 이론에 대하여 살펴보기로 하겠다. 담론의 이론은 먼저 어떻게 해서 말의 의미가 만들어지는가를 생각하면서 나타난 이론이다. 말하자면 언어학의 이른바 의미론을 생각하면서 나타났다고 할 수 있다. 18세기와 19세기에 걸쳐 두 가지 의미론이 있었다. 하나의 의미론은 의미는 사물에서 오고 그 사물은 낱말에 의해서 묘사된다고 주장한다. 다른 하나의 의미론은 의미는 보편적인 관념에서 오고 그 보편적인 관념은 낱말에 의해서 표현된다고 주장한다. 이러한 두 가지 의미론들은 모두 낱말의 의미는 미리 존재하는 관념에서 온다고 주장한다. 그러나 소쉬르의 언어학은 언어에서의 의미는 미리 고정적으로 또는 실정적으로 존재하는 사물이나 관념에 의해서 규정되는 것이 아니라고 주장한다. 말의 의미는 담론에서의 '부정적'인 관계 곧 그물과 같은 얽힘에 의해서 드러나게 된다. 여기서 말의 의미는 담론 안에서의 문맥과 이른바 부정적인 관계에 의해서 만들어진다. 여기에서 '부정적인 관계'라는 것은 뒤에 다시 설명하기로 한다.

대화, 곧 이 책의 제3장에서 말한 이야기의 현상이 담론이다.

그리고 담론은 일정한 특수한 집단의 이야기이다. 따라서 담론은 사회적이다. 정치인들의 이야기가 있고, 기업인들의 이야기가 있고, 시장의 상인들의 이야기가 있고, 정당들에 따라서 서로 다른 이야기가 지배적일 수 있다. 역사적인 상황, 사회적인 관습, 그리고 제도와 실천에 따라서 이야기가 다를 수 있다. 그렇기 때문에 담론의 영역은 동질적이 아니다. 담론은 말의 의미를 결정하고 인간의 사유와 삶을 지배한다. 따라서 담론의 이론에 의하면 이데올로기도 하나의 지배적인 이야기이며, 하나의 사회적이고 역사적인 담론이다. 그런데 이데올로기는 그 보편화와 경직화로 인해서 무너질 수 있지만 담론은 처음부터 보편화를 거부한다. 한때 과학주의에서 많이 논의되던 이상적인 언어도 없고 언어의 보편성도 없다. 다만 방언과 은어와 속어들이 어쩔 수 없이 혼합된 특수한 언어들의 집합이 있을 뿐이다. 동질적인 언어 사회가 존재하지 않듯이 이상적인 언어 능력을 갖춘 화자 청자도 있을 수 없다. 오직 정치적 다양성과 힘의 얽힘 속에서 지배적인 담론이 권력을 장악하고 있을 뿐이다. 담론의 이론은 마르크스적인 이데올로기 비판을 넘어선다. 담론의 이론은 지금까지의 철학이나 문학이 전제하고 있던 휴머니즘도 넘어선다. 휴머니즘은 인간의 본성과 같은 인식 가능한 무언가가 존재한다는 가정하에 있기 때문이다. 담론의 이론에 의하면 구체적이고 실천적인 담론 이전에 언어와는 별도로 존재하는 인간의 본성은 있을 수가 없다. 이런 의미에서 담론의 이론은 문학 연구에도 큰 영향을 준다.

소쉬르의 언어학에 의하면 언어의 의미는 사물의 본질과의 긍정적인 연결을 통해서 나타나게 되는 것이 아니라고 한다. 의미는 다만 부정적인 관계를 통해서 드러나게 된다는 것이다. 즉 붉음은 노랑이 아님, 푸름이 아님 하는 식으로 계속될 수 있을 뿐이라는 것이다. 붉은색에 대한 긍정적인 정의를 내리는 것은 불가능한 채 다만 부정적 가능성을 계속 나열할 수 있을 뿐이라는 것이다. 그래서 언어의 그물 안에서 한 말의 의미가 드러나게 되지만 긍정적이고 정확한 의미를 고정시킬 수는 없다. 말의 의미는 다른 말들과의 구별, 또는 차이를 통해서 드러나게 되기 때문에 고정될 수 없는, 늘 열려져 있는 성격을 갖는다. 소쉬르는 다음과 같이 말한다. 낱말에서 중요한 것은 소리 그 자체가 아니라 그 낱말을 다른 모든 낱말과 구별시켜 주는 음적 차이다. 왜냐하면 의미를 지니는 것은 바로 그 차이이기 때문이다. 그래서 소쉬르에 의하면 언어에는 결국 차이만이 존재한다. 그런데 차이라는 것은 일반적으로 긍정적인 사항이나 사물들을 전제하며 그러한 긍정적인 사항이나 사물들 사이에서 성립된다. 그러나 언어에는 긍정적인 사항이 없이 차이만이 존재한다고 소쉬르는 주장한다(『일반 언어학 강의』 제2부 제4장 참고). 언어가 내포하는 것은 말놀이와 담론, 그리고 그런 것을 실현하는 언어 체계에 선행하여 존재하는 개념이나 소리가 아니라, 단지 그 언어 체계에서 나온 개념적 차이와 음적 차이일 뿐이다.

그래서 소쉬르에 의하면 우리가 만약 기표와 기의를 각각 별도로 취급하면 순전히 이차적이고 부정적이지만, 이들의 결합은 하나의 적극적이고 긍정적인 현상이다. 더구나 이런 종류의 현상은 언어가 내포하고 있는 유일한 환상이기도 하다. 왜냐하면 우리의 일상 언어의 속성은 바로 이 두 차원의 차이 사이에 평행을 유지시키는 것이기 때문이다. 그러나 만약 언어의 의미가 그것이 지시하는 사물의 본질이 아니고 언어의 차이에 의해서 드러나게 되는 것이라면 이것은 언어에 결정적으로 의존하는 철학을 위해서 매우 중대한 결과를 가져온다고 말할 수가 있다. 소쉬르가 말한 언어학의 이 '차이'의 개념이 그대로 자끄 데리다(Jacques Derrida)의 차이의 철학으로 이어진다. 우리가 여기에서 차이의 철학이라고 말하고자 하는 사조는 미셸 푸코(Mishel Foucault), 쟝 프랑소와 리오따르(Jean-Francois Lyotard)등이 함께 연결되어서 미국을 위시해서 세계적으로 크게 퍼진 해체주의(Dekonstruktivismus)와 더불어 이른바 포스트모더니즘의 주류를 이루게 되었다.

차이의 철학은 모든 언어의 의미가 차이에서 드러난다는 소쉬르의 명제를 전제로 전통적인 철학적인 개념들의 동일화를 비판함으로써 출발한다. 차이의 철학에서 차이를 생각한다는 것은 동일화하지 않는다는 것, 다른 것을 같은 것으로 돌리지 않는다는 것, 그렇게 해서 본질을 고정시키지 않는다는 것, 다른 것을 드러내고 같은 것으로 환원하지 않는다는 것을 뜻하는 것이다. 따라서 차이의 철학은 늘 차이를 생각하고 늘 다르게 생각해야

되기 때문에 하나의 통일적인 체계를 이루기가 어렵다고 말할
수가 있다. 차이의 철학은 늘 차이를 드러내고 늘 새로운 것을
찾고 늘 달라져야 되고 동일한 것으로 스스로를 체계화할 수가
없기 때문에 스스로 모순에 빠지게 된다. 그래서 우리는 하나의
차이의 철학이라기보다는 데리다의 늘 변화하는 차이의 철학을
말하는 것이 옳을 것이다.

　어떤 의미에서는 차이의 철학의 출발점을 마르틴 하이데거의
작은 책『동일성과 차이』라고 말할 수가 있다. 이 책에서 하이데
거는 서구 철학이 플라톤 이래 단일성 또는 동일성을 지향했다
는 것을 명백하게 했다. 그리고 그 단일성을 또는 동일성을 통
해서 다른 것과 많은 것을 파악하려고 했다는 것이다. 물론 다
원주의적이고 복수주의적인 체계들도 있었지만 언제나 하나를
지향한다는 것이 서구 철학의 지배적인 경향이었다. 만약 이러
한 지배적인 경향에 등을 돌리려고 하면 서구 철학이 알게 모르
게 전제하고 있는 많은 사고방식들을 청산해야 하고 개념들을
버려야 한다. 서구 철학의 개념들은 동일성의 사유에 의해서 그
렇게도 깊이 침투되어 있었기 때문에 이른바 차이라는 것을 철
학적으로 이해할 수가 없었다. 그렇기 때문에 차이의 철학이라
는 표현 자체가 받아들여지기 어려운지 모른다. 테오도르 아도
르노(Th. W. Adorno)는 철학의 개념적인 사유는 그 자체가 동
일화하는 사유로서 특징지어질 수 있다고 말했었다. 개념들을
통해서 사유한다는 것은 사물들의 공통성을 드러내고 그것들을

보편화하는 것이다. 그래서 우리가 만약 다르게 생각하고 다른 것을 생각하고 비동일성을 생각하려면 이런 서구 철학의 전통을 무너뜨려야 한다. 차이의 철학은 그래서 해체주의와 연결된다.

데리다는 아도르노와 하이데거에 의해서 동일성의 사유라고 규정된 서구 철학의 전통을 그렇게 쉽게 떠나버릴 수가 없다는 것을 알고 있다. 그래서 그는 그 전통 속에 파고 들어가서 그것을 무너뜨리려고 시도한다. 이렇게 해서 그의 해체 작업 곧 철학의 해체 작업이 시작된다. 사실 서구 철학의 전통은 "그것이 그것이다"라는 동일성의 사유와 그 동일성이 사물의 본질이며 그것은 언어에 의해서 지시된다는 잘못된, 곧 소쉬르에 의해서 극복된 언어관에 근거한다. 언어의 의미가 만약 언어에 앞서 있는 사물의 본질에 의해서 결정되는 것이 아니고 언어의 차이에 의해서 드러나는 것이라면 서구 철학의 전통을 비추고 있는 동일성의 사유는 발 붙일 곳이 없어진다. 이렇게 해서 데리다는 언어철학을 통해서 서구 철학의 전통 속에 깊이 파고 들어가서 철학의 해체 작업을 시작하는 것이다. 그렇게 해서 자연과 사회와 인간을 지배하는 데만 이바지하는, 곧 본질을 고정시켜 파악함으로써 그것을 지배하려고 하는 동일성의 사유를 극복하고 철학적인 담론들의 다양한 가능성들을 위해서 문을 열어 보려는 것이다.

데리다의 해체라는 것은 늘 새로운 전망들에 의해서 개발되는 것이며, 철학과 그 역사의 늘 다른 전망을 지향하는 것이다.

무엇이 해체주의냐 하는 것을 체계적으로 설명한다는 것은 쉬운 일이 아니지만, 그 철학적인 전개를 들여다보기 위해서 두 가지 예들을 들 수 있을 것이라고 생각된다. 하나는 철학의 전망들의 다양화와 또 하나는 서구 철학의 전통을 밑받침하고 있는 이성중심주의와 이를 따라다니는 음성중심주의, 그리고 그 뒤에 숨어 있는 서구의 인종중심주의에 대한 비판이다. 물론 이 둘은 데리다의 예리한 창의력과 비판력이 없었더라면 나타나기 어려운 것들이었다. 철학의 전통에 깊이 파고 들어가서 그것을 비판하고 새로운 전망을 위해서 문을 여는 것이 만약 해체주의라면, 거의 모든 위대한 철학자들이 모두 해체주의자들이라고 말할 수 있을 것이다. 그러나 데리다의 해체주의의 강점은 그것이 소쉬르의 언어학과 기호학에 뿌리박고 있다는 데 있다고 생각된다.

　말의 의미뿐만 아니라 모든 삶의 의미는 말놀이가 낳는 것이고 담론이 만들어내는 것이다. 그런데 말놀이는 너무 경쟁적이고 담론은 너무 이론적이다. 우리는 이야기가 좋다. 사회적인 이야기를 말한다. 독백, 하소연, 연설, 대화, 시, 소설, 철학, 이데올로기, 이 모든 것이 이야기이다. 이야기는 언어의 고향이다. 언어는 그 고향에서 탄생하고 자라나고 의미를 얻는다. 시골 농부들의 이야기가 다르고 도시 시민들의 이야기가 다르다. 가진 사람들의 이야기와 못 가진 사람들의 이야기가 서로 다르다. 약자의 이야기와 강자의 이야기가 다르고, 결국 권력을 가진 자의 이야기가 지배를 한다. 이야기가 사회적인 인간의 주관과 그의 주체를 만들어낸다. 그리고 자끄 라깡(Jacques Lacan)에 의하면 인간의 넓고 어두운 무의식의 세계도 말의 놀음의 영역, 곧 이야기의 영역이다. 이야기가 없으면 우리도 없다. 그래서 독일의 시인 휠더린(Hölderlin)은 우리는 대화이다라고 말했다. 미셸 푸코가 말한 것처럼, 인간은 모래 위에 그려진 그림처럼 파도가 밀려오면 사라져 버릴는지 모른다. 그러나 이야기는 또 새로운 그림을 그릴 것이다. 이제는 사람이 말하는 것이 아니고 이야기가 말하고 이야기가 또 다른 모습을 그릴 것이다. 사람이 말하는 것이 아니고 그 시대의 그 때의 그 집단의 이야기가 말한다는 것을 이해하게 되면 우리는 오늘의 인간의 운명과 삶의 진실을 깨닫게 될는지 모른다.

참고문헌

Apel, K. O., *Die Kommunikationsgemeinschaft als transzendentale Voraussetzung der Sozialwissenschaften*, In:Neue Hefte für Philosophie Heft 2/3, 1972, S.1—40

Bollnow, *Die Macht des Worts*, Bochum, 1964

　　　　Sprache und Erziehung, Stuttgart, 1966

Cassirer, *Philosophie der symbolischen Formen*, Darmstadt, 1956

Chomsky, N., *Syntactic Structurs*, The Hague, Mouton, 1957

　　　　Aspects of the Theorie of Syntax, MIT Press, 1965

　　　　Cartesian Linguistics, New York, 1966

　　　　Language and Mind, New York, 1968

Hamman, *Schriften zur Sprache*, Tübingen, 1967

Habermas, J., *Vorbereitende Bemerkungen zu einer Theorie der kommunikativen Kompetenz*, In:Theorie der Gesellschaft oder Sozialthechnologie, Frankfurt, 1971

Heidgger, M., *Unterwegs zur Sprache*, Tübingen, 1959

Herder, *Sprachphilosophie*, Hamburg, 1960

Humboldt, W. v., *Über die Verschiedenheit des menschlichen Sprachbaues und ihren Einfluss auf die geistige Entwicklung des Menschengeschichts*, Stuttgart, 1960

Jaspers, K., *Die Sprache*, München, 1964

Kainz, F., *Einführung in die Sprachpsychologie*, Wien, 1946

Katz, B., *The Philosophy of language*, New York, 1966

Liebrucks, *Sprache und Bewusstsein*, Frankfrut, 1964

Lipps, H., *Die Verbindlichkeit der Sprache 2. Aufl.*, Frankfrut, 1958

Wein, H., *Sprachphilosophie der Gegenwart*, Hogue, 1963

Weisgerber, *Das Gesetz der Sprache*, Heidelberg, 1951

Whorf, *Language, Thought and Reality*, Cambridge, 1961

Wittgenstein, L., *Philosophische Untersuchungen*, Frankfrut, 1960

찾아보기

사람됨의 뜻　　　　　　이규호 지음, 206면

과학 지식은 날로 발전해 가는데, 사람이 무엇이냐는 물음은 아직 남아 있다. 현대처럼 이 물음에 대한 해답이 절실히 요구되는 시대는 없을 것이다. 이 책은 인간에 대한 여러 과학의 도움을 받으며 이 문제를 철학적으로 다루고 있다.

말의 힘　　　　　　　　이규호 지음, 236면

말은 단순히 현상을 묘사할 뿐만 아니라 현실을 창조하기도 한다. 그러므로 말은 그 민족의 역사를 통해서 이룩된 그들의 얼과 혼을 담고 있는 것이다. 이러한 말을 역사적으로 다루고 철학적으로 체계를 세운 것이 이 책의 내용이다.

뜻으로 본 한국역사　　　함석헌 지음, 206면

많은 역사 책들이 거의 표면적인 데 비해, 이 책은 신의 섭리적인 측면에서 한국 역사의 성격과 그 본질을 깊이 파고들어가 통찰하고 다시 앞으로 전개될 이 민족의 미래에 대하여 예견하는 사관을 기록하고 있다.

죽음의 수용소에서　　　빅터 프랭클/이소민, 239면

이것은 나치 강제수용소에서의 체험의 단순한 기록이 아니다. 당사자이면서 관찰자로서 극한 상황에 처한 인간의 심리를 분석히여 삶과 존재의 이유를 추구한 철학적이고 문학적인 글이다. 그는 이것을 로고데라피라고 부른다.

소울메이트　　　　　　리처드 바크/류시화, 399면

여기 직접 체험한 엄청난 사랑 이야기를 들려 주는 사람이 있다. 그는 「갈매기의 꿈」의 작가 리처드 바크다. 이 세상을 함께 갈 수 있는 영혼의 동반자를 찾아 헤매던 두 사람의 영혼이 사랑을 통해 결합하는 과정을 생생하게 보여준다.

베샤카의 아침 　오쇼 라즈니쉬/한상영 · 류시화, 363면

라즈니쉬가 공생애에 나서서의 처음 강의이며 또 처음 낸 책이다. 그는 동서양의 사상과 종교, 과학, 예술 등을 객관성을 가지고 통찰했으며, 인간에 대한 그의 깊은 지식과 이해로 인간이 지닌 문제와 그 해결책의 다양성을 다루고 있다.

이렇게 나는 들었다 　오쇼 라즈니쉬/류시화, 244면

불교 경전 중의 보석이라는 금강경을 새롭게 재탄생시킨 그의 명강의이다. 라즈니쉬는 붓다가 종교의 알맹이를 보여 준다고 말한다. 아무리 난해한 진리도 그의 언어로 옮겨지면 단순명료하게 표현되고, 어떤 이론도 시처럼 풀린다.

지금 여기에서 　베산트 조쉬/류시화, 244면

라즈니쉬의 전기이다. 라즈니쉬의 삶에 대해 구체적이고 단계적으로 아는 것은 그를 배우는 데 있어서 큰 도움이 될 것이다. 영혼이 무엇이며 어떻게 해야 에고에서 벗어날 수 있을까? 그의 성장 과정을 주시하자.

꿀벌—삶으로의 긴 여행 　존 펜버티/류시화, 147면

이 책에는 '갈매기의 꿈'이 보여 주었던 놀라운 비전이 있다. 존 펜버티는 어느 날 자신의 머리 속으로 날아 들어온 꿀벌의 영적 추구에 대해 글을 쓰기 시작했다. 이 책은 진리를 추구하는 많은 사람들에게 잊을 수 없는 감동을 주었다.

모주드—설명할 수 없는 인생을 산 사람의 이야기
　　　　　　　　오쇼 라즈니쉬/류시화, 162면

사람은 어떤 과정을 거쳐서 삶의 완성에 이르는가? 어느 이름 없는 수피의 성자가 쓴 짧은 이야기에 라즈니쉬의 강의를 덧붙였다. 평범한 관리로 일생을 보낼 것 같던 한 남자가 어느날 모든 것을 버리고 미지의 여행을 떠나 한 인간으로서의 완성을 이루는 과정이 독특한 그림과 함께 묘사되어 있다.

인 지

'98 개정판

말의 힘

초판 발행 · 1968년 10월 20일
초판 10쇄 · 1973년 8월 20일
2판   1쇄 · 1973년 8월 30일
2판 57쇄 · 1998년 10월 30일
3판   1쇄 · 1998년 11월 10일
4판   1쇄 · 2000년 3월 21일

지은이 · 이규호
펴낸이 · 최정헌
펴낸곳 · 좋은날
주소 · 서울시 서대문구 충정로 3가 8-5호 동아 아트 1층
전화번호 · 392-2588~9
팩시밀리 · 313-0104

등록일자 · 1995년 12월 9일
등록번호 · 제 13-444호